中医药与生活

TRADITIONAL CHINESE MEDICINE AND LIFE

主编

杨　川
于素玲

四川大学出版社
SICHUAN UNIVERSITY PRESS

图书在版编目（CIP）数据

中医药与生活 / 杨川，于素玲主编. -- 成都：四川大学出版社，2024. 8. --（大中医）. -- ISBN 978-7-5690-7219-8

Ⅰ．G634.931

中国国家版本馆 CIP 数据核字第 2024XS2457 号

书　　名：中医药与生活
　　　　　Zhongyiyao yu Shenghuo
主　　编：杨　川　于素玲
丛 书 名：大中医·传统文化系列

丛书策划：张宏辉　龚娇梅
选题策划：龚娇梅
责任编辑：龚娇梅
责任校对：倪德君
装帧设计：何思影
责任印制：李金兰

出版发行：四川大学出版社有限责任公司
　　　　　地址：成都市一环路南一段 24 号（610065）
　　　　　电话：（028）85408311（发行部）、85400276（总编室）
　　　　　电子邮箱：scupress@vip.163.com
　　　　　网址：https://press.scu.edu.cn
印前制作：成都墨之创文化传播有限公司
印刷装订：四川盛图彩色印刷有限公司

成品尺寸：170mm×240mm
印　　张：17.75
字　　数：281 千字

版　　次：2024 年 11 月 第 1 版
印　　次：2024 年 11 月 第 1 次印刷
定　　价：56.00 元

本社图书如有印装质量问题，请联系发行部调换

版权所有 ◆ 侵权必究

扫码获取数字资源

四川大学出版社
微信公众号

编委会

主　编　杨　川（成都市郫都区骨科医院）
　　　　　于素玲（成都铁路卫生学校）

主　审　张　倩（成都中医药大学）

副主编　吴　巍（成都市郫都区骨科医院）
　　　　　谭崇杭（成都铁路卫生学校）
　　　　　游　娟（成都市第五人民医院）
　　　　　刘　建（成都市龙泉驿区中医医院）
　　　　　李　芮（成都市龙泉驿区中医医院）
　　　　　田　君（成都肛肠专科医院）
　　　　　杨小甃（四川师范大学）

编　委　符　莹（成都铁路卫生学校）
　　　　　刘　杨（成都铁路卫生学校）
　　　　　何雨姝（成都铁路卫生学校）
　　　　　陈　莉（成都铁路卫生学校）
　　　　　王　宇（成都铁路卫生学校）
　　　　　乔媛媛（成都铁路卫生学校）
　　　　　张玉瑛（成都市双流区中医医院）
　　　　　廖　芳（成都市新都区中医医院）
　　　　　钟　红（成都市郫都区中医医院）
　　　　　石志强（成都市郫都区中医医院）
　　　　　苟志林（成都市新津区中医医院）
　　　　　黄　艳（成都市郫都区骨科医院）
　　　　　秦登明（成都市郫都区骨科医院）
　　　　　谢光春（成都市郫都区骨科医院）
　　　　　徐欣欣（成都市郫都区骨科医院）
　　　　　李长虹（成都市郫都区骨科医院）
　　　　　舒　畅（成都市郫都区骨科医院）
　　　　　叶　文（成都市郫都区骨科医院）
　　　　　李　英（成都市第五人民医院）
　　　　　胡海燕（四川护理职业学院）
　　　　　罗冬梅（成都石化工业学校）
　　　　　应　雪（成都医学院）
　　　　　王忠洪（成都中医药学会）
　　　　　杜代宁（四川神农药业有限公司）

张序

欣闻全国中药特色技术传承人才杨川等一众同仁即将付梓《中医药与生活》，特为之序。

中医药学是中华民族几千年的智慧结晶，为中华民族的健康和繁衍昌盛做出了卓越贡献，对世界文明的进步产生了积极影响。正如习近平总书记所说，中医药学凝聚着深邃的哲学智慧和中华民族几千年的健康养生理念及其实践经验，是中国古代科学的瑰宝，也是打开中华文明宝库的钥匙。

中医药与我们的日常生活息息相关。杨川等同仁汇集川人、川医、川药等中医药特色文化，结合他们日常生活所见、所闻、所触、所用、所感，执笔落词，尽书所晓，积极挖掘中医药文化中的生命健康教育内涵，这是本书难能可贵之处。

本书从中医药文化、生活中的中医药，以及川派中医药等几个方面进行挖掘整理，"立足"川派名人、名医、名药，浓墨重彩，念古之而合今朝，愈显"承上启下"之意，这对挖掘、展示、发扬地方中医药文化有着重要意义。尤其是品诗寻中药、品诗寻养生，可以让读者在品味古诗词的同时，感受到两种优秀的中华传统文化相互交融而产生的独特魅力，确保了本书的知识性、科学性、实用性和趣味性；不论对中小学生，还是古诗词和中医药爱好者，都不失为一个崭新而又耐人寻味的看点。

本书为广大读者提供了一部较为全面而实用的中医药文化科普读物，对于中医药文化的科普和展示都颇具新意，值得大众深入阅读和学习。学无涯、思无境，先学中医药，后懂中医药，会用中医药，吾辈唯愿中医药文化承之且启之，源远而流长。

中国食品药品检定研究院中药标本馆原馆长 张继

2024 年 3 月 12 日

祝序

在中华民族的土地上，中医药学不仅是一门医学科学，更是一种生活方式和文化，为人们的健康提供了宝贵的智慧和资源。四川，这片充满历史底蕴与文化魅力的土地，不仅是美食的摇篮，更是发展与发扬中医药学的重要阵地之一。

《中医药与生活》这本书，由全国中药特色技术传承人才杨川等长期在四川地区中医药一线工作的专家学者共同完成，大家对中医药的情怀深植心中，让我感受到"川派"中医药的传承力量，并欣然为之序。

本书由中医药文化、生活中的中医药、川派中医药三部分组成。通过中医药文化典故介绍、精美的古诗词和中医药知识赏析、日常生活中常见常用的中药及养生膳食呈现，以及川派炮制、医药名家和特色中药材介绍，让读者在感受中医药博大精深的文化内涵的同时，也对四川悠久的历史及巴蜀人民对生命健康的深刻理解和不懈追求有较为深入的了解。

本书图文并茂，运用生活实例、小拓展、小链接、思考与实践等栏目让博大精深的中医药理论变得形象易懂、妙趣横生，将传统中医药理论融入现实生活，为读者提供了中医药养生的智慧和方法，让读者能享受到中医药带来的健康与快乐。

中医药与生活的融合，不仅是一种健康的选择，更是一种文化的传承。中医药学所蕴含的哲学思想、道德观念、审美情趣等，都是中华文化的重要组成部分。通过了解和实践中医药，我们可以更好地认识自己，了解自然，感悟生命，提升生活的品质。

希望本书能成为读者了解中医药、探索健康生活的重要参考。同时，也希望它能激发广大读者对中医药的兴趣和热爱，守正创新，共同传承和发扬中医药这一中华民族的瑰宝。让我们携手走进中医药的世界，感受中医药的魅力，共同谱写健康生活的新篇章。

全国名老中医药专家
四川省十大名中医　祝之友

甲辰仲春　洪雅

杨序

习近平总书记在中国中医科学院成立60周年贺信中指出：中医药学是中国古代科学的瑰宝，也是打开中华文明宝库的钥匙。

四川，享有"中医之乡，中药之库"的美誉，融合了巴蜀自然环境和人文特色的四川中医药文化源远流长。从汉代至明清，见诸文献记载的川派医药名家就达一千多位，远如涪翁、程高、郭玉之于针灸，李八百、韩㣻（飞霞道人）之于丹道医学，彭祖之于养生与气功，杜光庭之于脉学，昝殷之于妇产学科，唐慎微之于本草；近如任应秋之于内经，吴棹仙之于子午流注，黄济川之于肛肠，郑怀贤之于武医，杜自明之于骨伤，李斯炽之于中医教育，以及国医圣手蒲辅周、京城四大名医萧龙友等无以尽数。四川的中药资源达九千多种，川产道地药材达86种，故又有"无川药不成方"之赞誉。近年来，四川更是成为国家中医药综合改革示范区。

本书由杨川、于素玲、游娟、田君、王忠洪等当今实力川派中医药传承人匠心编撰，以四川中医药为基础，分享中医药文化典故，赏析蕴含中医药文化古诗词的韵味，指导大众认识田间地头和厨房里的中药，介绍二十四节气的养生及药膳，记录川派医药名家的行医故事，描述川派特色炮制技艺等，形式新颖，内容丰富，贴近生活，可读、可用、可传、可收藏，故乐为之序。

全国名老中医药专家
四川省十大名中医　　杨向东
成都肛肠专科医院院长

2024年3月18日

前言

党的十八大以来，以习近平同志为核心的党中央高度重视弘扬中华优秀传统文化。习近平总书记指出："中华民族有着五千多年的文明史，我们要敬仰中华优秀传统文化，坚定文化自信。"所谓文化自信，即是对文化深刻理解基础上的高度认同与尊崇。没有对文化的认同，就不能建立对文化的自信，更不可能为文化的传承与弘扬主动作为。习近平总书记在党的十九大报告中提出："文化是一个国家、一个民族的灵魂。文化兴国运兴，文化强民族强"，"没有高度的文化自信，没有文化的繁荣兴盛，就没有中华民族伟大复兴"，"文化自信是一个国家、一个民族发展中更基本、更深沉、更持久的力量"。在党的二十大报告中，习近平总书记又进一步指出："推进文化自信自强，铸就社会主义文化新辉煌。"我们应牢记习近平总书记的殷切嘱托，坚定文化自信，着力讲好中国故事、传播好中国声音、阐释好中国特色，推动中华文化更好地走向世界，不断提升中国文化软实力和中华文化影响力。

中医药学是中华民族几千年的智慧结晶，为中华民族的健康和繁衍昌盛做出了卓越贡献，对世界文明的进步产生了积极影响。正如习近平总书记所说，中医药学凝聚着深邃的哲学智慧和中华民族几千年的健康养生理念及其实践经验，是中国古代科学的瑰宝，也是打开中华文明宝库的钥匙。切实把中医药这一祖先留给我们的宝贵财富继承好、发展好、利用好，是建设"健康中国"，实现中国梦的一项重大任务。

近年来，国家一直大力推动中医药文化进校园。2016年，国务院印发了《中医药发展战略规划纲要（2016—2030年）》，并提出："推动中医药进校园、进社区、进乡村、进家庭，将中医药基础知识纳入中小学传统文化、生理卫生课程，同时充分发挥社会组织作用，形成全社会'信中医、爱中医、用中医'的浓厚氛围和共同发展中医药的良好格局。"2017年，中共中央办公厅、国务院办公厅印发《关于实施中华优秀传统文化传承发展工程的意见》，并提出："把中华优秀传统文化全方位融入思想道德教育、文化知识教育、艺术体育教育、社会实践教育各环节，贯穿于启蒙教育、基础教育、职业教育、高等教育、继续教育各领域。"2019年，中共中央、国务院再次印发《关于促进中医药传承创新发展的意见》，文件指出："实施中医药文化传播行动，把中医药文化贯穿国民教育始终，中小学进一步丰富中医药文化教育，使中医药成为群众促进健康的文化自觉。"

中小学学生是祖国的未来、民族的希望，文化的传承需要从中小学学生抓起。面向中小学学生传播中医药文化，有助于中小学学生了解中医药、走进中医药，提高中小学学生学习中医药文化的兴趣，弘扬中医药文化，增强中小学学生的文化自觉和文化自信；同时培养中小学学生健康的生活方式，增强中小学学生的身体素质，丰富中小学学生的生活。对于增强其民族自信、国家自信、爱国主义情怀等都具有更大的现实意义和深远的历史意义。

2019年，四川省委宣传部、四川省中医药管理局、四川省教育厅联合印发了《关于实施中医药文化传承发展工程的意见》，对凝聚川药、川方、川医、川人的川派中医药传承力量，全面加强中医药文化资源保护传承，全面加强中医药文化研究阐发，全面加强中医药文化宣传普及具有重大现实意义和深远历史意义。为了更好地传播中医药文化，同时更好地助力四川省建设国家中医药综合改革示范区工作，我们基于四川的名医名家、特色炮制、道地药材、中医药诗词，以及日常生活中常见中药和食疗药膳等编著了《中医药与生活》这本中医药文化科普书。本书的编写得到了四川省内医院、学校、饮片企业等多家单位一直活跃在中医药文化科普一线的专家学者的大力支持，很好地保证了本书的专业性、实用性、趣味性和可读性。

本书内容分为三个部分（第一部分，中医药文化；第二部分，生活中的中医药；第三部分，川派中医药），共九个单元。内容编写紧扣日常生活和中小学教材特点，以川派中医药文化为基础，积极普及中医药传统文化知识。本书系统梳理了中医药文化典故、中医药诗词、人们日常生活中常见常用的中药，以及四季养生食疗药膳、"川派"

医药名家、"川派"特色炮制和炮制品、川产道地药材等相关内容，优选了中医药文化典故10个，中医药诗词29首，田间地头常见的中药15种，厨房里常用的中药15种，节气食疗药膳24道，"川派"医药名家10位，"川派"特色炮制及炮制品5个，川产道地药材10种，以挖掘中医药文化中的生命健康教育内涵，更好地助力"健康中国"战略实施。建议家长和学生一起学习，共同提高健康素养。

本书在主编杨川的统筹下分工编写而成。其中，第一单元中医药文化典故由李芮负责编写及统稿；第二单元品诗寻中药、第三单元品诗寻养生由杨川、杨小罂负责编写及统稿；第四单元田间地头常见的中药、第五单元厨房里常用的中药由田君、吴巍负责编写及统稿；第六单元四季养生与节气药膳由刘建、谭崇杭负责编写及统稿；第七单元川派中医药名家由李芮、游娟负责编写及统稿；第八单元川派特色炮制及炮制品由游娟负责编写及统稿；第九单元川产道地药材由于素玲负责编写及统稿；符莹、刘杨、何雨姝、陈莉、王宇、乔媛媛、张玉瑛、廖芳、钟红、石志强、苟志林、黄艳、秦登明、谢光春、徐欣欣、李长虹、舒畅、叶文、李英、胡海燕、罗冬梅、应雪、王忠洪、杜代宁等编写了各自分工的单元。最后，张倩和主编统审了全稿。

本书由成都市郫都区骨科医院和成都铁路卫生学校组织编写，在编写过程中，得到了诸多领导、专家、同仁的大力支持与协助，同时还得到了全国名老中医药专家、全国中药特色技术传承人才培训项目（福建基地）授课专家宋纬文老师的悉心指导，本书中药饮片图片得到了四川神农药业有限公司总经理杜代宁先生的大力帮助，在此一并致以衷心的谢意！经各位专家学者近一年的努力，终成其稿，然限于编写水平，几经易稿，不足之处仍难以避免，敬请广大读者提出宝贵意见和建议，以便今后不断完善和提高。

主编
2024年1月

目 录

第一篇　中医药文化

第一单元　中医药文化典故　/ 003

　　神农尝百草　/ 004

　　岐黄之术　/ 006

　　讳疾忌医　/ 007

　　望梅止渴　/ 009

　　橘井泉香　/ 010

　　妙手回春　/ 012

　　悬壶济世　/ 013

　　一味源自皇帝的中药：刘寄奴　/ 014

　　"杏林"的由来　/ 016

　　不为良相，愿为良医　/ 018

第二单元　品诗寻中药　/ 019

　　西红花　/ 020

　　槐　花　/ 022

　　梅　花　/ 025

　　菊　花　/ 027

　　木芙蓉叶　/ 029

　　枇杷叶　/ 031

　　松　针　/ 033

　　广藿香　/ 036

01

牡丹皮　　/ 038

石榴皮　　/ 040

木　瓜　　/ 043

荔枝核　　/ 045

桃　仁　　/ 047

苦杏仁　　/ 050

稻　芽　　/ 052

浮小麦　　/ 056

藕　节　　/ 058

石菖蒲　　/ 061

芦　根　　/ 064

蝉　蜕　　/ 066

僵　蚕　　/ 068

赭　石　　/ 070

竹　沥　　/ 072

酒　　　　/ 074

第三单元　品诗寻养生　　/ 077

饮食养生　　/ 079

情趣养生　　/ 081

心性养生　　/ 083

环境养生　　/ 085

按摩养生　　/ 087

第二篇　生活中的中医药

第四单元　田间地头常见的中药　　/ 091

玫瑰花　　/ 092

金银花	/ 094
艾　叶	/ 096
紫苏叶	/ 098
蒲公英	/ 100
薄　荷	/ 102
鱼腥草	/ 104
青　蒿	/ 106
马齿苋	/ 108
桑　椹	/ 110
小茴香	/ 112
白　果	/ 114
冬瓜子	/ 116
丝瓜络	/ 118
皂角刺	/ 120

第五单元　厨房里常用的中药　/ 122

生　姜	/ 123
山　柰	/ 125
大　蒜	/ 127
薤　白	/ 129
大　枣	/ 131
枸杞子	/ 133
八角茴香	/ 135
黑芝麻	/ 137
花　椒	/ 139
陈　皮	/ 141
肉　桂	/ 143
芫　荽	/ 145
海　带	/ 147

银　耳　/ 149

蜂　蜜　/ 151

第六单元　四季养生与节气药膳　/ 153

春季养生与节气药膳　/ 154

夏季养生与节气药膳　/ 161

秋季养生与节气药膳　/ 168

冬季养生与节气药膳　/ 174

第三篇　川派中医药

第七单元　川派中医药名家　/ 181

针灸学家：郭玉　/ 182

妇产科医家：昝殷　/ 184

本草始祖：唐慎微　/ 186

诊断学家：韩懋　/ 188

伤寒学家：郑钦安　/ 190

血证诊治名医：唐宗海　/ 192

济世女中医：曾懿　/ 194

中医肛肠病学一代宗师：黄济川　/ 196

"京城四大名医"：萧龙友　/ 198

"国医圣手"：蒲辅周　/ 200

第八单元　川派特色炮制及炮制品　/ 202

说文解字　/ 203

中药炮制的起源　/ 204

中药炮制的作用　/ 206

中药炮制的方法　　／211

川派炮制渊源及代表人物　／217

川派特色炮制产品　／221

第九单元　川产道地药材　／227

川　芎　／228

川贝母　／231

冬虫夏草　／234

麦　冬　／237

附　子　／240

黄　连　／244

丹　参　／248

白　芷　／250

川牛膝　／253

黄　柏　／256

第一篇 中医药文化

导言

中医药学历史源远流长，几千年来涌现出了许多人文经典故事，如"神农尝百草之滋味，一日而遇七十毒……""橘井泉香""不为良相，愿为良医"等，这些经典故事代代相传，激励着无数中华儿女，尤其是中医药人，为国为民、前赴后继。

根植于中国传统文化的古诗词与中医药学相得益彰，众多脍炙人口的诗词歌赋中都可以窥见中医药的身影。四川素有"天府之国"的美誉，人杰地灵，人才辈出。有名的诗人文豪如陈子昂（射洪市人）、李白（绵阳市江油人）、薛涛（成都市人）、苏舜钦（绵阳市三台人）、苏洵（眉山市人）、苏轼（眉山市人）、苏辙（眉山市人）、唐庚（眉山市丹棱人）、释居简（绵阳市三台人）、虞集（眉山市仁寿人）、杨慎（成都市新都人）、张问陶（遂宁市人）等，其中又以"三苏"中的苏轼为代表性人物。苏轼不仅是文学家、书法家，还是美食家、画家。另外，"诗圣"杜甫在成都浣花溪居住期间，也留下了多达240余篇诗作。在传统文化这条绚丽多彩的历史长河中，古诗词与中医药学都不失为其中最耀眼的存在。古诗词有自己独特的情感与想象，中医药在诗人笔下更是绽放出独特的魅力；我们在鉴赏古诗词的同时，通过挖掘其中所蕴含的中医药文化元素，也将为古诗词增添更丰厚的韵味。尤其是部分诗词将中医药养生理念和方法饱含其间，构思绝妙，让我们在体味诗人情怀的同时，也领略了当时社会的风土人情；还原历史面貌的同时，也能感受到中医药文化独特的魅力。诗词与中医药的交融，是两种优秀文化的交融，充分展示了古人的智慧，为民族自信、文化自信注入了新的活力。

第一单元

中医药文化典故

中华上下五千年，其中中医药学历史文化源远流长。在历史长河中，有许多脍炙人口的中医药经典人文故事被传颂至今。"神农尝百草之滋味，一日而遇七十毒……"，可见我们的先祖为了百姓健康呕心沥血、不畏艰辛。三国时期，曹操为了鼓舞士气，同时免受炎热天气带来的口干咽燥之苦，而使用"望梅止渴"之计，这又是多么的意味深长。如果"橘井泉香"的故事能感天动地的话，那么"不为良相，愿为良医"同样是苍生大医之所为。现在，让我们一起来细读慢品这些典故吧！

神农尝百草

"自从盘古开天地,三皇五帝到如今……"作为中华儿女,我们常自诩为"炎黄子孙",其中,"炎黄"指的是三皇五帝中的"炎帝"和"黄帝",而炎帝,便是神农。

在中国原始社会,有一个部落名叫有蟜氏,首领叫少典氏(也称有熊氏)。他的夫人是女娲氏的传人,叫女登,有一天女登在外游玩时,看到天上飞来一条神龙,顿时她身体有一种异常感应,回家后,便怀上了一个孩子。据说这个孩子出生后"牛首人身",三天就学会了说话,五天便学会了走路,七天就长全了牙齿。他与母亲女登一直生活在姜水河畔,于是以姜为姓,取名姜炎。

传说姜炎所在的时期,五谷和杂草长在一起。人们既不会区分食物,也不会储存食物,只能靠捋草籽、采野果、猎捕鸟兽来果腹。东晋王嘉的《拾遗记》记载:"炎帝时,有丹雀衔九穗禾,其坠地者,帝乃拾之,以植于田,食者老而不死。"讲的是有一天,天上飞来一只全身长满红羽毛的鸟儿,它嘴里衔着一株五彩九穗的稻禾,飞过姜炎头顶时,穗上的谷粒掉到了地上。姜炎赶紧拾起谷粒,并把谷粒埋进土里,没多久竟然长成了一小片,而吃了这种食物的人变得强壮且长寿。这让姜炎很受启发,经过他的分辨和试种,最后发现了稻、黍、稷、麦、菽五种粮食。《周易·系辞》里这样记载他的功绩:"包牺氏没,神农氏作,斫木为耜,揉木为耒,耒耜之利,以教天下,盖取诸益。"他让人把树木砍倒,把野草清理掉,开辟出一块块农田,把播种五谷的方法传播开来。他告诉人们播种后不能放任不管,需要到田间去劳作。他还发明了锄头、耒耜等劳动工具,并教会人们使用。同时,他意识到水对农作物生长有着非常重要的作用,就发明了九井相连的水利灌溉技术,将水引入农田,让庄稼长得更好。在姜炎的带领下,百姓可以生产粮食,不用挨饿,有了农业,因此人们就尊称他为"神农"。

神农选出五谷,开垦田地后,人们终于有了粮食。可是,还是有人因为吃了一些东西而生病，或者是在渔猎时受伤。神农想，天上的仙人有奇花异草，于是他便从都广之野顺着一株叫建木的大树爬上去。他采了一堆瑶草后碰到了天帝，天帝感念他一颗为百姓的心，就送给他一根神鞭。这根鞭子打在草木上，便可以知道草木的名字和药性。于是，神农拿着鞭子，走遍世间，借助鞭子识药，有时他也亲自口尝以辨别出可以治疗疾病的草木，并把它们一一记录在册。《史记·补三皇本纪》中载："神农氏作蜡祭……以赭鞭鞭草木，尝百草，始有医药。"《淮南子·修务训》记载："神农尝百草之滋味，一日而遇七十毒。"《搜神记》也写道："神农以赭鞭鞭百草，尽知其平毒寒温之性，臭味所主，以播百谷。"这些不同时代的文献资料除了记载神农发明农耕技术，更是让神农尝百草的神话流传久远，为后世《神农本草经》这部著作赋予了传奇色彩。神农因此也被称为"医药之祖"。

实际上，神农御鞭尝百草的故事，在历史长河中曾被多次加工，已经成了带有神话性质的传说，其真实性无法考证。但如同神农一般的人，在中华传统文化的传承中永不缺席。因此，回顾历史不仅仅是为了纪念，更是为了学习。中华五千年，传承与创新中华优秀传统文化，是每一个时代的人都应该知道并为之付出努力的使命。

岐黄之术

中医文化里面有很多特定的术语，比如"望闻问切""膏丸丹散""银针"等。另外，还有一些广为人知的称呼，譬如中医又叫"岐黄之术"；等等。为何称中医为"岐黄之术"呢？"岐黄"又如何成为了中医的代名词呢？

相传，华夏族领袖黄帝有一位大臣——岐伯，他除了是一名神医，还善于观察日月星辰、风寒暑湿、山川草木等的变化情况；擅长音乐，会制作乐器，可以说是"上知天文、下知地理、中通人事"的高人。有一天，他看见黄帝面露忧愁，便对黄帝说："大王，自从我们打败了蚩尤和炎帝，统一了中原，百姓现在安居乐业，一切都很顺利，而大王您为何面带忧色呢？"黄帝说："天下百姓，就如同我的子女，现在天下虽然已经安定，但我时常看到百姓受病痛折磨，很是痛心。难道上天认为我有罪过，要降罪于我的子民吗？怎么样才能让他们免于疾病之苦呢？"岐伯非常感动，说道："大王爱民如子，真是百姓的福分。疾病并不是上天的意旨，而是因为百姓受到天地邪气的侵扰，他们的疾病是可以用药物和针灸来治疗的。"黄帝听后非常高兴，便让岐伯逐一讲解自然规律、生命的原理、疾病发生的原因及治疗方法等。黄帝边听边提问，岐伯均一一作答。一旁的史官将黄帝和岐伯的对话记录成册，便诞生了今天我们所知道的书籍——《黄帝内经》。《黄帝内经》是我国现存最早的中医理论专著，是中医药文化公认的奠基之作。由于《黄帝内经》的内容以黄帝和岐伯的对话的形式被记录成籍，为了对先祖表达尊敬，古人便常以"岐黄"来代指中医学。

中医诞生于原始社会，春秋战国时期，中医理论已基本形成，之后历代均有总结发展。如今，无论是中医学，还是"岐黄之术"，对全世界都影响深远，特别是亚洲国家，如当下的日本汉方医学、韩国韩医学、朝鲜高丽医学、越南东医学等都是以我国"岐黄之术"为基础而逐渐发展起来的。

讳疾忌医

《史记·扁鹊仓公列传》中记载，春秋战国时期，有一位名医叫秦越人，喜欢周游天下，四处行医，热心地为百姓看病，救治了许多百姓，大家尊称其为扁鹊，后世也尊其为"医祖"。在他周游列国期间，留下了许多脍炙人口的故事。

相传，扁鹊周游列国而途经齐国时，齐国国君蔡桓公听说扁鹊医术高明，便召见扁鹊入宫。扁鹊见到蔡桓公后，对蔡桓公说道："您皮肤上有点小病，要是不治，恐怕会向体内发展。"蔡桓公不相信，待扁鹊走后，他对大臣说："名医也不过如此，这些医生就喜欢医治没有病的人来夸耀自己的本领。"十多天以后，扁鹊又去拜见蔡桓公，他看了看蔡桓公的脸色，担忧地说道："您的病已经发展到皮肉之间了，如果不治，恐怕还会加深。"蔡桓公很不高兴，仍然没有理睬扁鹊。又过了十多天，扁鹊再次拜见蔡桓公时说道："您的病已经蔓延到肠胃里去了，再不医治，就会有生命危险了。"蔡桓公还是不理他，扁鹊无奈，只好离开。再过了十多天，扁鹊第四次见到蔡桓公时，他望了一望蔡桓公，二话不说，转身就走了。蔡桓公觉得很奇怪，于是派人去问扁鹊原因，扁鹊对使者说："病在皮肤时用热水敷烫就能够治好；发展到皮肉之间，用扎针的方法可以治好；即使发展到肠胃里，服用汤药也还能治好；一旦深入骨髓，医生就再也无能为力了。现在大王的疾病已经深入骨髓，所以我也不再请求给他医治了。"五六天以后，蔡桓公浑身疼痛，赶忙派人去请扁鹊，此时扁鹊已经去秦国了。于是，蔡桓公就这样病死了。

这个故事中，不仅强调普通人和医生对于疾病的认知差异，也说明了疾病发展通常有一个过程。基于此，中医形成了"治未病"的理念，即对疾病预先采取措施，把疾病消灭在萌芽之中，可以达到事半功倍的效果。事情的祸福有开端，高明的医生总是尽可能早地予以处理。同样，良医治病，病在表皮时便应该及时医治。而在现实生活中，不光是

治病要趁早。我们有了缺点，也一定要虚心接受大家的批评指正，尽早改掉自己的不足，避免铸成大错。当有不好的苗头出现时，我们千万不能"讳疾忌医"，要勇敢面对自己的不足，积极寻求解决的办法，以免酿成更大的祸患。如若不然，将悔之晚矣。

  扁鹊的传奇故事不仅于此，中国神医的故事也不止一个。中华上下五千年的传承，给予了我们民族磅礴的底蕴，"以铜为镜，可以正衣冠；以古为镜，可以明得失"。识古辨今，是千年文化赐予我们最富饶的礼物。

望梅止渴

　　酸酸甜甜的梅子自古以来就是消暑解渴的良品。新鲜的梅子俗称青梅，可以加工制作成梅干、梅饯、梅酱、梅酒等。在众多中药中，有一味乌梅即在夏季近成熟时采收梅子，低温烘干后，闷至色变黑而成。其酸味十足，具有敛肺、涩肠、生津、安蛔的作用。临床上常将它用于治疗肺虚久咳，久泻久痢，虚热消渴，以及蛔虫导致的呕吐腹痛。在生活中，用它所熬制出来的酸梅汤是夏日不可或缺的饮品，相信很多人都品尝过"酸梅汤"那酸酸甜甜的味道吧！

　　南朝宋刘义庆《世说新语·假谲》中记载，东汉末年，曹操带兵打仗，长时间内行军所到之地均是荒原，没有可以取水的地方，他们出发前带的水也喝完了，将士们又热又渴，甚至有些士兵因脱水而晕倒，这严重影响到军队的作战能力。曹操见士兵们士气萎靡，心生一计，说道："大家别急，前面有一大片梅林，结了很多梅子，酸甜解渴。大家随我快快前去。"士兵们一听，顿时有了精神，想象着那可口诱人的新鲜梅果，口水直流，似乎不那么口渴了，都重新振作起来赶路了。用这个办法，曹操让军队撑到了有水的地方，渡过了难关。后来这个典故被称为"望梅止渴"，如今，"望梅止渴"用来比喻愿望无法实现，用不切实际的空想来自我安慰。但从中药层面来思考，这也是"酸梅生津"作用的一个体现。

　　作为巴蜀人，我们还应该知道，四川盛产乌梅。成都平原西部的大邑县，种植了成千上万亩梅树，是中国六大产区之一。四川省达州市达川区更是有着"中国乌梅之乡"的美誉。

橘井泉香

"淮南生橘，淮北为枳"，小小的橘子，包含青皮、陈皮、橘络、橘核等多味中药。而在中医药文化中，也有关于橘子源远流长的典故。

据记载，公元前191年，西汉惠帝四年，郴州城东鸭子塘村有一位姓潘的女子在郴江岸边浣洗衣裳。她看见一朵与众不同的五彩浮萍顺水飘近，并闪现着奇光异彩，非常好看，便好奇地用手去捞，结果被浮萍紧紧缠住，无法挣开。情急之下，她用嘴去咬，结果五彩浮萍顺势滑进了她的肚子里。不久，女子发现自己莫名其妙地怀孕了。到了第二年的七月十五，她生下了一个男孩。由于女子是未婚孕育，大家议论纷纷，闲言碎语颇多。为避众人口舌，女子的母亲只得将小婴儿丢弃在村后山下的桃花洞中。临走时，潘母当着众人指天发誓："该成人，七日之后活生生；不成人，七日之内早归阴。"终于到了第七天，思子心切的女子急忙赶到桃花洞探视，竟见一只美丽的白鹤正张开雪白的羽翅为婴儿御寒，一头健壮的白母鹿正在给婴儿哺乳。女子和来看热闹的人都感到吃惊，心想这应该是神赐，直呼这婴儿不是凡人。因此，小婴儿就被女子抱回家抚养了。由于当时的习俗是孩子从父姓，小婴儿没有父亲，便一直没有姓名。直到长大入学，教书先生提出要为孩子取个名字，便让他走出塾馆，回来时告诉他第一眼看到的景象。小孩刚走出门，就看见有一个人用禾草串鱼悬挂在树枝上，自己却枕着树根呼呼大睡。先生听闻后说道："禾草串鱼，是个'蘇'（简体字：苏）字；枕树而卧，是个'耽'字。"自此，小孩就取名为苏耽。苏耽长到十多岁便开始学道，后来成为仙人。据晋代葛洪《神仙传·苏仙公》记载，苏耽对母亲特别孝顺，成仙临行前对母亲说："明年天下疾疫，庭中井水，檐边橘树，可以代养。井水一升，橘叶一枚，可疗一人。"意思是明年天下将要发生瘟疫，到时候用庭院中的井水来煮屋檐旁橘树的叶子，可以救急治病，祛除瘟疫。第二年，果然发生了瘟疫，十里八乡的百姓皆向苏母求治。苏母则按照苏耽的嘱咐，用井水煮橘叶救活了无数乡民。自此，"橘井泉香"这一佳话便流传下来。

　　苏耽身上的传奇故事以及指导母亲救人无数的传说，在后世也有很多可追寻的遗迹，譬如湖南郴州市东北郊苏仙岭的苏仙观、飞升石、鹿洞等。而"橘井"，据考证，目前位于郴州市第一中学内。"橘井泉香"从此便成为我国传统医药史上赞颂高超医术、高尚医德的著名典故，也是医生仁爱精神的象征。医家也常常以"橘井"一词或"橘"命名与医学相关的典故、书籍，诸如《橘井元珠》《橘杏春秋》。明代文学大家王世贞曾作诗赞道："橘井汲后绿，杏林种时红。此橘复何忧？年年领春风。""橘井泉香"这一词与"杏林春暖""悬壶济世"一样，在中医学界脍炙人口。

妙手回春

在患者对于医生的褒奖中，我们常常听到有一个成语叫"妙手回春"，用以比喻医生医术高明。而第一位被赞誉"妙手回春"的医生，便是颇具传奇色彩的神医扁鹊。

相传，在他周游列国路过虢国时，恰好听说虢国的太子去世了。扁鹊仔细问了虢国中庶子（注：中庶子，官名。战国时国君、太子、相国的侍从之臣）喜方者（注：喜方者，这里指喜好方术的中庶子）太子的死因，以及病死的时间后，便告诉喜方者，他可以救活太子。喜方者听了感到十分诧异，连忙向虢国国君引荐了扁鹊。原来，通过询问，扁鹊知道了太子是因为气血运行无规律，阴阳交错，正气不能抵御邪气，阳气弱而邪气强，所以在公鸡打鸣的时候（凌晨1:00—3:00）突然晕厥了。他猜想太子仅仅是尸厥（休克）。太子虽然出现了像死亡那样的表现，但是并没有真正死去。等到扁鹊见到太子后，果然发现太子这时候仍然鼻翼翕动，身有余热，便立即唤他的弟子取来针石，刺激太子的三阳脉和百会、胸会、听会、气会、臑会等穴位。片刻后，太子居然醒过来了，众人都觉得不可思议。扁鹊又和弟子用熨法给太子治疗，每天喂中药汤剂，太子又能够坐起来了，众人惊呼。最后，太子坚持服了二十天的中药汤剂后，完全恢复了健康。扁鹊的医术不仅救了虢国的太子，也让扁鹊在虢国威名大震，故而获得"妙手回春"的称号。

从古至今，死亡对于大多数人而言都是可怕的，因此，能让人起"死"回"生"的医生，地位都是较为崇高的。虽然扁鹊作为一名传奇性的医生，关于他的典故考证起来总饱受质疑。然学古而明今，故事的相传通常不仅仅为了好真、好听、好玩。"妙手回春"更多的是表达对扁鹊这名医生，甚至是对那个时代医生的敬重和赞许，是人们对于"救命者"的感激，是对中医文化的推崇和歌颂。所以，"扁鹊"这个名字，已然成为一种符号，同理，"医生"这个职业亦然。

悬壶济世

提到中医，会让我们联想到很多场景和物品，比如号脉，比如中药，比如银针，再比如葫芦。《西游记》第五回中有："大圣直至丹房里面，寻访老君不遇，但见丹灶之旁，炉中有火。炉左右安放着五个葫芦，葫芦里都是炼的金丹……他就把那葫芦里的金丹都倾倒出来，全给吃了，如吃炒豆相似。"同时俗语也常说道："我倒要看看你葫芦里卖的是什么药"。殊不知，"葫芦"也是中医药文化的一种标志。

据《后汉书》记载，东汉时期，有一个叫费长房的人，很想学习医术为人治病。有一次，他在街上遇到一个卖药的老翁（"八仙"之一的铁拐李），据周围的人说，老翁医术十分高明，凡吃过他药的病人，都能药到病除。于是，费长房就想拜老翁为师。一天，他悄悄跟在老翁身后，一直跟着老翁进了一家客栈，只见老翁突然化为一道青烟，钻到一只挂于墙上的葫芦里去了。于是，第二天费长房在那家客栈里靠近葫芦的位置准备了一桌上等筵席，以恭候老翁出来。果然，不多时老翁便从葫芦内跳了出来，费长房立即磕头跪拜，拜师求教。老翁见费长房诚心求学，就收了他为徒，并将自己的医术悉数传授予他。费长房很快就学成医术，并声名远扬。老翁见他已学成，就云游四方去了。之后，费长房为纪念老翁，行医时总是将一个葫芦挂在身上。从此，行医之人纷纷效仿，都用葫芦当招牌。背着药葫芦，人们便知道你是一名医生。葫芦在古代又称为"壶"。后来，人们便用"悬壶"代称医生这个职业，而"济世"则作为医生的目标及人们对医生崇高职业操守的称赞或者期许。因此，"悬壶济世"不仅用于颂誉一个医生具有救死扶伤的高尚品德，也体现了医生对自己的严格要求。

如今，我们再也看不见背着葫芦四处行医的医生，也不用通过"悬壶"来判断职业，我们知道生病了要去诊所，去医院，去找"白大褂"，但对于医生而言，"悬壶济世"的品德追求将永远存在。

一味源自皇帝的中药：刘寄奴

传说中，神农的鞭子可以识别药物，这带有浓厚的神话色彩。实际上，传统中药的命名方式有很多种，比如根据它的气味、形状、产地、发现者命名等。我们在本小节所说的一味中药，它是唯一一味用皇帝名字命名的中药，并一直沿用到现在。

南北朝时期，宋朝的建立者宋武帝刘裕，小名叫寄奴。《南史·宋本纪》记载，刘裕原为东晋大将，他在称帝前，有一次率兵出征新洲，敌军溃败，残余人马都逃进了山林。于是，刘裕率兵乘胜追击，在进入山林后，发现一条巨蛇横卧在路中央，前行的道路被这条巨蛇给挡住了。刘裕便拉弓射中巨蛇，巨蛇负伤而逃。第二天，刘裕带兵到林中继续搜查敌军残余，行至树林深处时，突然听到有杵臼之声（捣药发出的声音），于是便派士兵前去查看。士兵顺着声音方向去寻找，发现是几名青衣童子正在捣药。众童子看见士兵身上带着肃杀之气，吓得赶忙伏地哀求道："昨日刘将军的箭射中我们的王，我王疼痛难忍，命我等捣药敷伤。"士兵问道："你们的王为神仙，为何不敢杀掉我们的将军。"小童回道："刘将军是未来的皇帝，不能杀。"士兵们将此情况回禀刘裕，刘裕也感到非常惊诧，便决定亲自前往察看，却发现青衣童子都不见了，只见地上有一些不知名的草药。后来，士兵们发现这种草药捣碎后敷在刀剑伤口上，能很快愈合伤口，甚是灵验。但士兵们都不知道这种草药叫什么名字，只知是刘将军射蛇得来的神仙药草，于是就把它叫"刘寄奴"。

在我们实际用药中，刘寄奴还有南北之别。北刘寄奴是玄参科植物阴行草的全草，主治黄疸、肝炎；南刘寄奴实乃菊科植物奇蒿，可解暑，助消化，陕南和川北地区也称其为"小霸王""乌藤菜"等。而在湘、黔、滇的部分地区，入药的刘寄奴却是金丝桃科植物元宝草。目前，《中国药典》中所收载的为"北刘寄奴"，即玄参科植物阴行草的全草，味苦，性寒。具有活血祛瘀，通经止痛，凉血，止血，清热利湿的功效。常用于治疗跌打损伤，外伤出血，瘀血经闭，月经不调，产后瘀痛，癥瘕积聚，血痢，血淋，湿热黄疸，水肿腹胀，白带过多等。

中药的命名与中医药文化密不可分。各种传说或是典故的流传为其增添了一些神奇的色彩，其影响力甚至已经超过了药物本身，譬如"刘寄奴伐薪射蛇"，影响更多的是宋武帝刘裕与晋宋之交的政治与社会。因此，中医药文化并非"故弄玄虚"或"故作高深"，它不仅承载着一方文化，更是在整个历史长河中与各种文化融会贯通，共同构成了整个中华文化。

"杏林"的由来

清代征士放作有一首《杏林诗》："吾亦知医术，平生慕董君，药非同市价，杏以代耕耘。山下虎收谷，溪边龙出云。芳林伐已久，到此仰余芬。"杏林，字面上来说，便是指栽种了一片杏树的林子。杏子作为一种可食用的水果，其果仁是常用的一味中药——杏仁。杏仁又分甜杏仁和苦杏仁，通常作为药用的是苦杏仁，具有降气止咳平喘，润肠通便的功能，常用于咳嗽气喘，胸满痰多，肠燥便秘等。人们经常以"杏林"代指医生，特别是中医圣手，这个称号又是怎么来的呢？

相传，三国时期有一名医生名叫董奉，与当时的张仲景、华佗齐名，号称"建安三神医"。他从小就学习古籍经典，钻研岐黄之术，并立志要做一名济世的医生。在一个偶然的机会，他遇到了一位道家高人，因而修得道医道术。董奉不但医术极为高明，而且能够预言风雨，民众都视他为能"呼风唤雨"的仙人。《神仙传》记载："吴人董奉隐居山庐，为人治病，不取钱物，使人重病愈者，使栽杏五株，轻者一株，数十年，得十万余株，郁然成林……"说的是董奉曾长期隐居在江西庐山南麓，热忱地为山民诊病疗疾。病人若是重病被医好了的话，需要去山坡上栽五棵杏树；轻病被医好了的话，只需栽一棵杏树。数十年之后，庐山一带的杏树就达十万棵之多，葱葱郁郁，形成了一大片杏林。待杏子成熟后，董奉又将杏子变卖换成粮食用来救济庐山的贫苦百姓和南来北往的饥民。后来，甚至有老虎镇守杏林，以防不肖之徒偷杏。想吃杏者只能以米谷换取。而董奉则把换来的米谷用来救济贫民，故又有"虎守杏林"之说。杏林，承载了董奉行医济世、大医精诚、医者仁心、德术并重的济世情怀，这种行为赢得了百姓的普遍敬仰，并逐渐成了中医界的重要精神传承。再后来，庐山一带的百姓在董奉羽化后，便在杏林中设坛祭祀这位仁慈的道医。至今，董奉隐居处还保存着杏坛、真人坛、报仙坛。

从此，"杏林"成为中医的代名词。自古医家以为"杏林中人"

为荣，医著以"杏林医案"为藏，医技以"杏林圣手"为赞，医德以"杏林春暖"为誉，医道以"杏林养生"为崇。人们也喜欢用"杏林春暖""誉满杏林"这类话语来赞美像董奉一样具有高尚医德的大医。代表着祖国传统医学的杏林文化，自古以来也是人们对真、善、美，对理想、对健康不懈追求的真实反映。

不为良相，愿为良医

相传，北宋文学家范仲淹有一次到祠堂求签，询问以后能否当宰相，签词表明不可以。他又求了一签，祈祷道："不为良相，愿为良医。"结果签词表明还是不行。于是他长叹道："不能为百姓谋利造福，不是大丈夫一生该做的事。"后来，有人问他："大丈夫立志当宰相，是理所当然的，您为什么又祈愿当良医呢？这是不是有一点太卑微了？"范仲淹回答说："怎么会呢？古人说，常善用人，故无弃人；常善用物，故无弃物。有才学的大丈夫，固然期望能辅佐明君治理国家，造福天下，哪怕有一个百姓未能受惠，也感觉是自己把他推入沟中一样。要普济万民，只有宰相能做到。现在签词说我当不了宰相，要实现德泽万民的心愿，莫过于当一名良医。如果真能成为技艺高超的好医生，上可以疗君亲之疾，下可以救贫贱之厄，中可以保身长全。身在民间而依旧能利泽苍生的，除了良医，再也没有别的了。"这个故事便以"不为良相，愿为良医"记载了下来。

从古至今，医生在每一个朝代的更迭中，都有或轻或重的记述。比如，东汉时期的张仲景《伤寒论》中讲"进则救世，退则救民"；又比如，唐代孙思邈在《名家千金要方·诊候》中说："古之善为医者，上医医国，中医医人，下医医病。"宋代范仲淹则讲"不为良相，愿为良医"，这种"不为"和"愿为"，便是医者的节气。以人为本，济世救人，可安民济世，亦可悬壶济世，不变的是对生命的尊重，对国家的忠诚。

第二单元

品诗寻中药

　　中国古诗词是中国古代文学艺术的精髓，是中国文化历史长河里的瑰宝，更是一颗璀璨的明珠。诗歌可以托物言志，诗歌可以借物抒情，诗歌还可以传递养生知识。在浩如烟海的古诗词中，我们发现里面有很多物品、菜肴、动植物等与中药有关。在品鉴古诗词的时候，我们去挖掘这些植物、动物和矿物等，可以将诗词歌赋的知识性、科学性、实用性和趣味性等充分展示；同时也有利于中医药文化的弘扬。

　　例如，《诗经》里面"采采芣苢，薄言采之"的芣苢，即中药车前草（主要功能：清热利尿通淋）；"陟彼北山，言采其杞"的杞，即中药枸杞子（主要功能：滋补肝肾，益精明目）；李白《南陵别儿童入京》有"仰天大笑出门去，我辈岂是蓬蒿人"，诗中的"蓬蒿"即为茼蒿（可为蔬菜，亦可入药，能安心气，养脾胃，消痰饮，利肠胃）。宋代，在文人骚客间流行着一种药名诗（即将中药与诗词相结合的古诗词）。其中，以北宋诗人、藏书家陈亚为代表（其一生写有一百余首药名诗），如《登湖州销暑楼》："重楼肆登赏，岂羡石为廊。风月前湖夜，轩窗半夏凉。罾青识渔浦，芝紫认仙乡。却恐当归阙，灵台为别伤。"该诗中融入了中药名：重楼、前胡、半夏、灵芝、当归等。为了充分挖掘古诗词中所蕴藏的中医药文化元素，下面，就让我们一起来看看在古诗词中都有哪些物品、菜肴，以及动植物等与中药有关吧。

西红花

[诗词]

客中行
——唐代·李白

兰陵美酒郁金香,玉碗盛来琥珀光。
但使主人能醉客,不知何处是他乡。

[译文]

　　用西红花浸制而成的兰陵美酒,芬芳四溢,盛在晶莹润泽的玉碗里泛发出琥珀般的光泽。主人能端出这样的好酒,再加上十分盛情的款待,一定能醉倒他乡之客,客人哪能分清哪里是他乡,哪里又是家乡呢。

[作者简介及创作背景]

　　李白(公元701—762年),字太白,号青莲居士,又号"谪仙人"。出生于西域(今甘肃省天水市),幼时随父迁居剑南道绵州昌隆(后避玄宗讳改为昌明)青莲乡(今四川省江油市青莲乡)。李白是唐代伟大的浪漫主义诗人,被后人誉为"诗仙"。其人性格爽朗大方,爱饮酒作诗,喜欢结交朋友。李白好剑术,喜欢见义勇为。

　　李白的诗具有"笔落惊风雨,诗成泣鬼神"的独特艺术魅力,这也是他诗歌中最为鲜明的艺术特色。李白的诗的主观抒情色彩十分浓烈,感情的表达具有一种排山倒海、一泻千里的气势。李白诗中常将想象、夸张、比喻、拟人等多种手法综合运用,从而造就神奇异彩、瑰丽动人的意境,这就是李白的浪漫主义诗作让人感觉豪迈奔放、飘逸若仙的原因。其代表作有《望庐山瀑布》《蜀道难》《将进酒》等。

　　这首诗是作者开元(唐玄宗年号,公元713—741年)年间漫游东鲁的兰陵之时所作。

番红花　　　　　西红花（饮片）

[中药注释]

　　诗句"兰陵美酒郁金香"中的"郁金香"，指西红花，系张骞出使西域带回来的中药品种之一。西红花为多年生花卉，也是一种常见的香料。西红花是亚洲西南部原生种，最早由希腊人人工栽培，主要分布在欧洲、地中海及中亚等地，直到1979年，我国才引种成功，故西红花一直以来均为贵细中药材。目前浙江、上海等地均有种植。

　　注：西红花又名"藏红花"，因西红花经西藏传入内地，西藏为西红花的主要集散地而得名。

西红花：本品为鸢尾科植物番红花的柱头。

【别　　　名】郁金香、番红花、藏红花等。
【性味与归经】甘，平。归心、肝经。
【功能与主治】活血化瘀，凉血解毒，解郁安神。用于经闭癥瘕，产后瘀阻，温毒发斑，忧郁痞闷，惊悸发狂。
【用法与用量】煎服或沸水泡服，1～3g。
【注意事项】孕妇慎用。
【思考与实践】请查找资料看看西红花和红花的植物形态和药用部位有什么区别。

槐花

[诗词]

和董传留别
——宋代·苏轼

粗缯大布裹生涯,腹有诗书气自华。
厌伴老儒烹瓠叶,**强随举子踏槐花**。
囊空不办寻春马,眼乱行看择婿车。
得意犹堪夸世俗,诏黄新湿字如鸦。

[译文]

虽然生活当中粗衣劣布披身,但只要胸中有学问,自然光彩夺人。不喜欢陪伴着年老的儒者一块过"烹瓠叶"那样清淡的苦日子,决定打起十分的精神跟随众多举子去参加科举考试。兜里没有钱,虽不能置办那"看花"的马,但却有机会看那令人眼花缭乱的"选婿车"。待到高中时,仍然可以向世俗之人夸耀,因为黄纸诏书上如鸦的黑字新写着我的名字呢。

[作者简介及创作背景]

苏轼(公元1037—1101年),字子瞻,号东坡居士,后世称苏东坡、苏仙、坡仙,为"唐宋八大家"之一。眉州眉山(今四川省眉山市)人,祖籍河北省石家庄市栾城区。苏轼是北宋著名的文学家、书法家、美食家、画家,也是历史上的治水名人,北宋的文坛领袖,在诗、词、散文、书、画等方面都有很高的成就。其文纵横恣肆;诗题材广阔,清新豪健,善于用夸张比喻,独具风格,与黄庭坚并称"苏黄";词开豪放一派,与辛弃疾同是豪放派代表,并称"苏辛";散文著述宏富,豪放自如,与欧阳修并称"欧苏"。苏轼善书画,是"宋四家"之一;擅长文人画，尤擅墨竹、怪石、枯木等。其作品有《东坡七集》《东坡易传》《东坡乐府》《潇湘竹石图》《枯木怪石图》等。

嘉祐六年（公元 1061 年），苏轼应中制科考试，被授大理评事、签书凤翔府判官。董传当时在凤翔穷困潦倒，并与苏轼相随，正准备参加科举考试。《和董传留别》这首诗是次年苏轼被罢官凤翔签判而赴汴京，途经长安时，与朋友董传话别而作的诗。

槐

槐花（饮片）

[中药注释]

诗句"强随举子踏槐花"中的"槐花"，系豆科植物槐的花及花蕾，一般将开放的花朵称为"槐花"，也称"槐蕊"，花蕾则称为"槐米"。槐树为喜欢阳光的树种，不耐阴湿而抗旱，在我国南北广为栽培，属于高大的落叶乔木，一般高约 20m，每年七八月开花，11 月果实成熟，荚果肉质，呈串珠状。荚果成熟后干涸也不开裂，常挂树梢，经冬而不落。槐的荚果（即槐角）亦可入药。

槐花：本品为豆科植物槐的花及花蕾。夏季花开放或花蕾形成时采收，及时干燥，除去枝、梗及杂质。

【别　　名】槐花米、豆槐花、细叶槐花、金药树花、护房树花、槐树花等。

【性味与归经】 苦，微寒。归肝、大肠经。

【功能与主治】 凉血止血，清肝泻火。用于便血，痔血，血痢，崩漏，吐血，衄血，肝热目赤，头痛眩晕。

【用法与用量】 水煎服，5～10g。

【思考与实践】 在我们日常生活中还有一种近似槐树的豆科植物洋槐树，一般高约20m，叶子椭圆形，荚果是扁平的，4—6月开花，花呈白色且味道香甜。洋槐的花可以食用，也可以入药。大家可以试着采一些洋槐花来做包子馅或者煎饼尝尝。

梅花

[诗词]

剑州道中见桃李盛开而梅花犹有存者

——宋代·唐庚

桃花能红李能白,春深无处无颜色。
不应尚有数枝梅,可是东君苦留客。
向来开处当严冬,桃李未在交游中。
即今已是丈人行,勿与年少争春风。

[译文]

　　桃花盛开应该是粉红色,李花盛开应该是白色,现在正是春色最盛的时候,没有一处不姹紫嫣红。这时,不应该还有几枝梅花正在绽放,这可能是春天苦苦相留之故吧!梅花一直以来都是开在寒冬,桃李不在它的交游之列。如今梅花已算老一辈了,就不要再与年轻的桃李争春了。

[作者简介及创作背景]

　　唐庚(公元1070—1120年),字子西,眉州丹棱唐河乡(今属四川省眉山市丹棱县)人,是北宋诗人、文学家。其父亲唐淹,是著名的经学大师,授业数百人,号鲁国先生。唐庚与苏轼是同乡,且同被贬到惠州,其文采风流,故有"小东坡"之称。唐庚作诗重推敲锤炼,近于苦吟。其诗特点:简练精悍,工于属对,巧于用事,且多新意,不沿袭前人,为后世赞赏。唐庚不仅是北宋末年蜀中最重要的作家之一,即使在两宋,也是数得上的名家。

　　这首诗是作者在剑州路上看见桃花李花正在盛开,不经意间发现还有几枝梅花也正在绽放,于是有感而发的作品。

梅（绿萼梅）　　　　　　　梅花（绿萼梅花）

[中药注释]

　　诗句"不应尚有数枝梅"中的"梅"，指梅花，系一种小乔木，高4～10m。梅花位列中国十大名花之首，梅与兰花、竹子、菊花一起称为"四君子"，与松、竹并称"岁寒三友"。在中国传统文化中，梅以它高洁、坚强、谦虚的品性，给人以立志奋发的印象。因为在严寒中，梅开在百花之先，独天下而春。

梅花：本品为蔷薇科植物梅的花蕾。初春花未开放时采摘，及时低温干燥。梅有绿萼梅、红梅等之分，药用多以绿萼梅为佳。

【别　　名】一株雪、霜美人、雪美人、冷美人、春梅、干枝梅、一枝春、白梅花、绿萼梅、绿梅花等。

【性味与归经】微酸，平。归肝、胃、肺经。

【功能与主治】疏肝和中，化痰散结。用于肝胃气痛，郁闷，心烦，梅核气，瘰疬，疮毒。

【用法与用量】水煎服，3～5g。

【思考与实践】请大家查阅资料看看另外一种中药蜡梅花长什么样子，功能是什么？

菊花

[诗词]

春晦饯陶七于江南同用风字

——唐代·陈子昂

黄鹤烟云去，青江琴酒同。
离帆方楚越，沟水复西东。
芙蓉生夏浦，杨柳送春风。
明日相思处，**应对菊花丛**。

[译文]

  黄鹤楼往事如烟远去，清江畔的琴声美酒却依然与记忆中相同。离别的帆船即将驶往楚越之地，随着水流奔向西东。芙蓉生长在夏日的水滨，杨柳沐浴着和煦的春风。日后寄托相思之处，想来应当在盛开的菊花丛中。

[作者简介及创作背景]

  陈子昂（公元661—702年），字伯玉，梓州射洪（今四川省射洪市）人，其诗词意激昂，被誉为"诗骨"。陈子昂是唐代文学家、诗人，初唐诗文革新人物之一。同时，他也是初唐时期一位重要的诗歌理论倡导者。陈子昂现存诗作一百多首，其诗风骨峥嵘，苍劲有力，寓意深远。其中，最具代表性的有《登幽州台歌》《登泽州城北楼宴》，以及组诗《感遇诗三十八首》《蓟丘览古赠卢居士藏用七首》等。陈子昂与司马承祯、卢藏用、宋之问、王适、毕构、李白、孟浩然、王维、贺知章称为"仙宗十友"。

  这首诗是诗人与挚友陶七离别的场景和感情的写照，抒发了与朋友离别伤感与不舍之情。

菊　　　　　　　　菊花（饮片）

[中药注释]

　　诗句"应对菊花丛"中的"菊花"，系多年生宿根草本植物。菊花是中国十大名花之一，菊花具有傲霜雪的品格，陶渊明有"采菊东篱下，悠然见南山"的名句。中国人还有重阳节赏菊和饮菊花酒的习俗。如唐代孟浩然的《过故人庄》言："待到重阳日，还来就菊花。"另外，菊花也被赋予了"吉祥""长寿"的含义。

> **菊花**：本品为菊科植物菊的头状花序。9～11月花盛开时分批采收，阴干或焙干，或熏、蒸后晒干。药材按产地和加工方法不同，分为"亳菊""滁菊""贡菊""杭菊""怀菊"。

【别　　　名】药菊、茶菊等。
【性味与归经】甘、苦，微寒。归肺、肝经。
【功能与主治】疏风清热，平肝明目，清热解毒。用于风热感冒，头痛眩晕，目赤肿痛，眼目昏花，疮痈肿毒。
【用法与用量】水煎服，5～10g。
【思考与实践】请大家查资料看看，我们日常在公园里面见到的观赏菊花是否可以药用？

木芙蓉叶

[诗词]

和陈述古拒霜花
——宋代·苏轼

千株扫作一番黄，只有芙蓉独自芳。
唤作拒霜知未称，细思却是最宜霜。

[译文]

  秋天的林子一片枯黄，只有木芙蓉花还独自绽放着。称木芙蓉花是拒霜花并不恰当，因为仔细想来，它还是最喜欢霜的，越是霜后越能显示出它的艳丽。

木芙蓉（花）　　　　　　木芙蓉叶

[中药注释]

  诗句"只有芙蓉独自芳"中的"芙蓉"，指木芙蓉。别名：芙蓉花、拒霜花、木莲、地芙蓉、华木等。系落叶灌木或小乔木，高 2～5m。木芙蓉喜欢生长在温暖、湿润的环境。《长物志》云："芙蓉宜植池岸，临水为佳。"芙蓉花、叶均可入药。

木芙蓉叶：本品为锦葵科植物木芙蓉的叶。夏、秋二季采收，干燥。

【别　　名】拒霜叶、芙蓉叶、芙蓉花叶、芙蓉花树叶、芙蓉树叶、地芙蓉叶、七星叶、霜降花叶等。

【性味与归经】辛，平。归肺、肝经。

【功能与主治】凉血，解毒，消肿，止痛。治痈疽焮肿，带状疱疹，烫伤，目赤肿痛，跌打损伤。

【用法与用量】水煎服，10～30g。外用适量。

【思考与实践】五代后蜀皇帝孟昶在成都城内遍植芙蓉花，因此成都就有了"芙蓉城"的美誉。1983年5月，成都市第九届人民代表大会常务委员会将芙蓉花定为成都市市花。请大家查一下自己所居住的城市有没有市花？分别都是什么花？

枇杷叶

[诗词]

天平山中

——明代·杨基

细雨茸茸湿楝花,**南风树树熟枇杷**。
徐行不记山深浅,一路莺啼送到家。

[译文]

　　细雨蒙蒙打湿了川楝花,在南风的吹拂下,一棵棵枇杷树的果实都慢慢地变熟了。顺着山路慢慢地往前走着,竟不知路途的远近,一路的黄莺鸣叫伴随着我回到了家。

[作者简介及创作背景]

　　杨基(公元1326—1378年),字孟载,号眉庵。原籍嘉州(今四川省乐山市),后定居苏州。与高启、张羽、徐贲被时人称为"吴中四杰"。杨基诗风清俊纤巧,其五言律诗《岳阳楼》境界开阔,时人称杨基为"五言射雕手"。少时曾著十万余字《论鉴》。又于杨维桢席上赋《铁笛》诗,当时杨维桢已是名流,他对杨基倍加称赏:"吾意诗境荒矣,今当让子一头地。"

　　天平山是吴中风景名胜之地,林木秀润,奇石纵横,诗人自幼生活在这里,山中的一花一草、一木一石,对他来说都十分熟悉,十分亲切。元末,为避乱世,诗人曾隐居于故乡,这首诗便是诗人隐居时漫步山中,有感而作。诗人观察入微,描绘如画,将一路沉醉于花香鸟语之中那种悠然自得的心情跃然纸上。

枇杷　　　　　　　　枇杷叶（饮片）

[中药注释]

诗句"南风树树熟枇杷"中的"枇杷"，别名：金丸、芦橘、芦枝等。系常绿乔木，树高可达10m。枇杷树适宜温暖、湿润的气候生长。枇杷果肉柔软多汁，味道鲜美，具有清热、润肺止咳、健胃的功能。除鲜食外，还可制成罐头、蜜饯、果膏、果酒等。枇杷的花、叶、果实、核、根均可入药。

枇杷叶：本品为蔷薇科植物枇杷的叶。全年均可采收，晒至七八成干时，扎成小把，再晒干。用时需刷去毛。

- 【别　　名】巴叶、杷叶等。
- 【性味与归经】苦，微寒。归肺、胃经。
- 【功能与主治】清肺止咳，降逆止呕。用于肺热咳嗽，气逆喘急，胃热呕逆，烦热口渴。
- 【用法与用量】水煎服，6～10g。
- 【思考与实践】大家可以在周边寻找一下有没有枇杷树，仔细观察它的叶子的形状和叶面的细微特征。

松针

[诗词]

寄丁卯进士萨都剌天锡

——元代·虞集

江上新诗好,亦知公事闲。
投壶深竹里,系马古松间。
夜月多临海,秋风或在山。
玉堂萧爽地,思尔佩珊珊。

[译文]

读了您的"江上新诗"后觉得很好,它也让我了解到您的公事不是很繁忙。在竹林深处投壶作乐,把马系在古老的松树间。要欣赏夜晚的月亮,一定要靠近长江边;要领略秋风飒爽,可以站在山顶上。我可以想象到您在高敞超逸的住宅里,佩戴着玉珮,踱步吟诗的样子。

[作者简介]

虞集(公元1272—1348年),字伯生,号道园,后世称邵庵先生、青城樵者、芝亭老人。祖籍成都仁寿(今四川省眉山市仁寿县)。元代官员、学者、诗人,南宋左丞相虞允文的五世孙。虞集是元中期最负盛名的诗人。其诗体裁多样,典雅精切,格律谨严。他与揭傒斯、范梈、杨载齐名,并称"元诗四大家"。虞集与揭傒斯、柳贯、黄溍并称"元儒四家"。今有《虞集全集》。

油松　　　　　　　　　　　　松针

[中药注释]

　　诗句"系马古松间"中的"松"，指松树。全世界的松树种类有八十多种，且分布广泛，如我国华北、西北的油松、赤松、黑松和樟子松，华中的黄山松、高山松、马尾松，秦巴山区的巴山松，以及台湾地区的松和北美短叶松。松树为我国荒山造林的主要树种。它们绝大多数属于高大乔木，可高达 20～50m。松树耐干旱、贫瘠，喜欢阳光，对环境适应性极强，可以耐受 −60℃ 的低温或 50℃ 的高温。其中，马尾松的根、叶、球果、瘤状节或分枝节，以及油松的叶、球果、瘤状节或分枝节等可入药。

松针：本品为松科植物油松、马尾松或云南松的针叶。全年均可采收，以腊月最佳，采摘后除去杂质，鲜用或晒干。

【别　　　名】猪鬃松叶、松毛、山松须、松叶等。
【性味与归经】苦、辛，温。归心、脾经。

【功能与主治】 祛风除湿，杀虫止痒，活血安神。用于风湿痹痛，湿疹，湿疮，脚气肿痛，皮肤瘙痒，跌打损伤及失眠。

【用法与用量】 水煎服，9～15g，鲜品30～60g。外用适量煎水洗患处。

【思考与实践】 请大家仔细观察一下我们身边常见的罗汉松的叶子，它们与松针有什么区别？

广藿香

[诗词]

二月十九日携白酒鲈鱼过詹使君食槐叶冷淘

——宋代·苏轼

枇杷已熟粲金珠,桑落初尝滟玉蛆。
暂借垂莲十分盏,一浇空腹五车书。
青浮卵碗槐芽饼,**红点冰盘藿叶鱼**。
醉饱高眠真事业,此生有味在三余。

[译文]

枇杷已经熟透,就像金色的珠子一样漂亮,初次品尝桑落酒,桑落酒泛起了洁白丰盈的酒花。暂且借用使君的垂莲盏,让空有满腹经纶的我畅饮一番。圆碗盛着青槐嫩叶捣汁和面而成的面饼,光洁如冰的盘子装着藿香鲈鱼片,呈现点点绯红。享受这样闲暇的时光,可以酒醉饭饱,然后酣睡一场,这就是此生最美的日子。

[创作背景]

诗题目里面的詹使君名叫詹范,是苏轼被贬到惠州(北宋哲宗八年,公元1093年)时的地方行政官。詹范对苏轼特别尊崇,常常携酒拜访苏轼,二人谈诗论词,把酒言欢。绍兴二年(公元1095年)元宵节,詹范在家宴请苏轼,并邀请他一同观花灯、赏烟花、猜谜语。于是苏轼带上自酿的浊酒,提着鲈鱼去拜访詹范。席间,苏轼看着宴席上的槐芽饼、藿叶鱼,于是提笔写下了这首诗。诗中的这一餐,桑落美酒,新熟的枇杷,青色的面饼,藿香鲈鱼片,菜点酒果皆有,于是发出"醉饱高眠""此生有味"的感慨。

广藿香　　　　　　　广藿香（饮片）

[中药注释]

诗句"红点冰盘藿叶鱼"中的"藿"，指广藿香，系多年生芳香草本或半灌木。茎直立，高0.3～1m，四棱形，具分枝。叶圆形或宽卵圆形，长2～10.5cm，宽1～8.5cm。轮伞花序。广藿香梗和叶均可入药，其提取的芳香油可作为香精使用。

广藿香：本品为唇形科植物广藿香的地上部分。枝叶茂盛时采割，日晒夜闷，反复至干。

【别　　名】南藿香、广合香、海藿香等。

【性味与归经】辛，微温。归脾、胃、肺经。

【功能与主治】芳香化浊，和中止呕，发表解暑。用于湿浊中阻，脘痞呕吐，暑湿表证，湿温初起，发热倦怠，胸闷不舒，寒湿闭暑，腹痛吐泻，鼻渊头痛。

【用法与用量】水煎服，3～10g。

【思考与实践】我们身边还有一种藿香，四川地区多叫川藿香。大家可以查一查资料，并仔细观察一下它的植株和叶子与广藿香都有什么区别。

第二单元　品诗寻中药

牡丹皮

[诗词]

又和刘景文韵
——宋代·苏轼

牡丹松桧一时栽,付与春风自在开。
试问壁间题字客,几人不为看花来。

[译文]

松柏与牡丹都是在春天种下,并且都在春天随风自在地生长。请问在墙壁上题字的文人墨客,有几个不是为了看牡丹而来的呢?

牡丹(凤丹) 　　　　　　牡丹皮(饮片)

[中药注释]

诗句"牡丹松桧一时栽"中的"牡丹",又名富贵花、洛阳花、木芍药、贵客、赏客、百两金、鼠姑、鹿韭、白茝等。系多年生落叶灌木,茎高可达2m。牡丹喜欢温暖、凉爽、干燥、阳光充足的生长环境。牡丹花雍容华贵、国色天香,被誉为"花中之王",是我国的国花。牡丹品种很多,花色有红、紫红、紫、粉、黄、绿、蓝、白、黑和复色等；花型有单瓣型、皇冠型、荷花型、绣球型、楼子型等。牡丹一般分为观赏牡丹和药用牡丹，二者主要的区别：观赏牡丹分枝多，从根部萌发生长，而药用牡丹从茎秆处分枝；观赏牡丹的花色丰富，而药用牡丹仅有白色、白粉色两种颜色。药用牡丹以安徽省铜陵市凤凰山一带栽培的为佳——俗称"凤丹"（注：凤丹，又名铜陵牡丹、铜陵凤丹，是国家地理标志产品，其与白芍、菊花、茯苓并称为"安徽四大名药"，也是中国34种名贵药材之一），其果实可用于生产食用油，花可以制茶，叶和根皮可以入药。

牡丹皮： 本品为毛茛科植物牡丹的根皮。秋季采挖根部，除去细根和泥沙，剥取根皮，晒干；或刮去粗皮，除去木心，晒干。前者习称"连丹皮"，后者习称"刮丹皮"。

【别　　　名】牡丹根皮、丹皮、丹根等。

【性味与归经】苦、辛，微寒。归心、肝、肾经。

【功能与主治】清热凉血，活血化瘀。用于热入营血，温毒发斑，吐血衄血，夜热早凉，无汗骨蒸，经闭痛经，跌扑伤痛，痈肿疮毒。

【用法与用量】水煎服，6～12g。

【注意事项】孕妇慎用。

【思考与实践】四川省彭州市种植牡丹始于南北朝时期，至今已有上千年的历史。彭州牡丹花大瓣多，面可盈尺，郁郁清香，繁丽动人，深受人们的喜爱。南宋诗人陆游在《天彭牡丹谱》中称："牡丹在中州，洛阳为第一；在蜀，天彭为第一。"牡丹花是彭州市的市花，彭州牡丹花会是全国三大牡丹花会之一。大家可以就近看看牡丹都有哪些品种？它们开的花都有哪些颜色？

石榴皮

[诗词]

夏意

——宋代·苏舜钦

别院深深夏簟清,**石榴开遍透帘明**。
树阴满地日当午,梦觉流莺时一声。

[译文]

  小院幽深寂静,我躺在竹席上,感觉浑身清凉。窗外的石榴花正在绽放,透过垂挂的竹帘,映红了整个屋子。此时正是中午时分,浓密的树荫隔断了暑气,我在睡梦中迷迷糊糊地听到莺儿时不时叫一声。

[作者简介及创作背景]

  苏舜钦(公元1008—1048年),字子美,梓州铜山县(今四川省中江县)人,生于河南开封,是北宋时期大臣参知政事苏易简的孙子。他与苏易简、苏舜元,合称"铜山三苏"。苏舜钦提倡古文运动,善诗词,与宋诗"开山祖师"梅尧臣合称"苏梅",著有《苏学士文集》《苏舜钦集》16卷,《四部丛刊》影清康熙刊本,今存《苏舜钦集》(1981年,上海古籍出版社出版)。

  此诗为庆历四年(公元1044年)或之后,诗人被革职削籍为民后,于苏州修建沧浪亭,隐居不仕时而作。

石榴（花）

石榴（果实） 　　　　石榴皮

[**中药注释**]

　　诗句"石榴开遍透帘明"中的"石榴"，别名安石榴、沃丹、丹若、金罂、金庞、涂林、天浆等，系落叶灌木或小乔木。结果的石榴花期在5—6月，石榴花似火一样艳丽。石榴喜欢温暖向阳的环境，耐旱、耐寒，也耐贫瘠，但不耐涝和荫蔽。石榴原产波斯国（今伊朗）一带，公元前2世纪传入中国。"何年安石国，万里贡榴花。迢递河源边，因依汉使搓。"据西晋张华《博物志》载："汉张骞出使西域，得涂林安石国榴种以归，故名安石榴。"中国人视石榴为吉祥物，是因为它多子，寓意多子多福。石榴的花、叶、果皮均可入药。

石榴皮：本品为石榴科植物石榴的果皮。秋季果实成熟后收集果皮，晒干。

【别　　　名】石榴壳、酸石榴皮、酸榴皮、西榴皮等。
【性味与归经】酸、涩，温。归大肠经。
【功能与主治】涩肠止泻，止血，驱虫。用于久泻，久痢，便血，脱肛，崩漏，带下，虫积腹痛。
【用法与用量】水煎服，3～9g。
【思考与实践】石榴的果实营养非常丰富，维生素C的含量比较高，大家在超市里面可以买来尝一尝，并观察一下它的果皮特征。

木瓜

[诗词]

惜海棠开晚
——宋代·程敦厚

今年春色可胜嗟，二月山中未见花。
长忆去年今夜月，**海棠花影到窗纱**。

[译文]

　　今年春天的景色是否更漂亮了呢，已经到二月份了，山中还未见到花开。想想去年这个时候，夜晚的月光已把海棠花开的影子映射到窗帘上了。

[作者简介]

　　程敦厚（生卒年不详），字子山，眉山（今属四川省眉山市）人。高宗绍兴五年（公元1135年）进士。历官校书郎、起居舍人兼侍讲、中书舍人。因逢迎趋附于秦桧，在秦桧死后被革职。程敦厚是南宋初年有名的文人，善诗文。

贴梗海棠（花）

木瓜（果实）　　　　　　　　木瓜（饮片）

[中药注释]

诗句"海棠花影到窗纱"中的"海棠"，指贴梗海棠，别名：贴梗木瓜、皱皮木瓜、木瓜、楙、铁脚梨、汤木瓜、宣木瓜等。系落叶灌木，高达2m，为我国著名观赏植物，有"百益之果"的美誉。其果实可入药。贴梗海棠适应性强，喜光照，也耐半阴，耐寒，耐旱。对土壤要求不高。它具有"先开花后长叶，或者花叶一起长"的特点，其花朵颜色艳丽，极具观赏性，古书中记载其"占尽春色最风流"，由此可见一斑。贴梗海棠的花、叶、果实、种子、枝、根等均可入药。

木瓜： 本品为蔷薇科植物贴梗海棠的近成熟果实。夏、秋二季果实绿黄时采收，置沸水中烫至外皮灰白色，对半纵剖，晒干。

【别　　　名】宣木瓜、贴梗海棠、铁脚梨、贴梗木瓜等。
【性味与归经】酸，温。归肝、脾经。
【功能与主治】舒筋活络，和胃化湿。用于湿痹拘挛，腰膝关节酸重疼痛，暑湿吐泻，转筋挛痛，脚气水肿。
【用法与用量】水煎服，6～9g。
【思考与实践】贴梗海棠在四川很多地方都有生长。大家可以找找自己居住的小区周围有没有贴梗海棠，并观察其花、叶、果实特征。

荔枝核

[诗词]

食荔枝二首（其一）
——宋代·苏轼

罗浮山下四时春，卢橘杨梅次第新。
日啖荔枝三百颗，不辞长作岭南人。

[译文]

　　罗浮山下四季如春天，枇杷和杨梅依次成熟。如果每天能吃上三百颗荔枝，我愿意长期做岭南人。

荔枝（果实） 　　　　　荔枝核（饮片）

[中药注释]

　　诗句"日啖荔枝三百颗"中的"荔枝"，别名：荔支、丽枝、离枝、丹荔、火山荔、勒荔等。荔枝树系常绿乔木，树高约10m，喜高温高湿，喜光向阳。荔枝与香蕉、菠萝、龙眼一并称为"南国四大果品"。荔枝的食用禁忌：不宜空腹吃，不宜大量吃（成年人每天吃荔枝不要超

过 300g，儿童一次不要超过 5 颗）；糖尿病人慎吃；尽量不要吃水泡的荔枝。荔枝的果实、果皮、种子、花及根等均可入药。

荔枝核：本品为无患子科植物荔枝的成熟种子。夏季采摘成熟果实，除去果皮和肉质假种皮，洗净，晒干。

【别　　名】荔仁、枝核、大荔核等。
【性味与归经】甘、微苦，温。归肝、肾经。
【功能与主治】行气散结，祛寒止痛。用于寒疝腹痛，睾丸肿痛。
【用法与用量】水煎服，5～10g。
【思考与实践】大家知道吗？四川省泸州市合江县是中国著名的晚熟荔枝产区。大家可以查阅相关资料，详细了解一下泸州市合江县种植荔枝的历史和具体的荔枝品种。

桃仁

[诗词]

阳湖道中
——清代·张问陶

风回五两月逢三，双桨平拖水蔚蓝。
百分桃花千分柳，冶红妖翠画江南。

[译文]

　　风向转动，三月时节。双桨水平拖动河中的清水，水中倒映出天空，显得那么的蓝。这个月份桃花盛开，柳树茂密，翠绿的杨柳中夹杂着粉红妖娆的桃花，构成江南这幅美好的画面。

[作者简介及创作背景]

　　张问陶（公元1764—1814年），字仲冶、柳门，因善画猿，自号"蜀山老猿"。四川潼川州遂宁县黑柏沟（今属遂宁市蓬溪县）人。清代诗人、诗论家、书画家。张问陶撰有《船山诗草》，存诗3500余首。其诗才华横溢，与袁枚、赵翼合称清代"性灵派三大家"，与彭端淑、李调元合称"清代蜀中三才子"，被誉为"青莲再世""少陵复出"。他是元明清巴蜀第一大诗人，为清代"蜀中诗人之冠"。

　　这首诗是在嘉庆十八年（公元1813年）春天，张问陶途经常州阳澄湖时被沿途美好风景所感而作。他的诗歌善言情理，工于写景，能在前人之外另辟蹊径。

桃（花）

桃（果实）

桃仁（饮片）

[中药注释]

　　诗句"百分桃花千分柳"中的"桃"，系落叶小乔木，高 3～8m。其生长环境不宜过干旱。桃的树干上分泌的胶质，俗称"桃胶"，可食用或药用，也可以作粘接剂。桃仁，可入药。

桃仁：本品为蔷薇科植物桃或山桃的成熟种子。果实成熟后采收，除去果肉和核壳，取出种子，晒干。

【别　　名】桃核仁、桃子仁、光桃仁、毛桃仁、山桃仁等。

【性味与归经】苦、甘，平。归心、肝、大肠经。

【功能与主治】活血祛瘀，润肠通便，止咳平喘。用于经闭痛经，癥瘕痞块，肺痈肠痈，跌扑损伤，肠燥便秘，咳嗽气喘。

【用法与用量】水煎服，5～10g。

【注意事项】孕妇慎用。

【思考与实践】桃的品种有很多，大家可以在超市或水果店看看它们都有哪些品种？

苦杏仁

[诗词]

潭州杂怀

——明代·杨基

桃花深红杏花白，红白花开弄春色。
东风一片落衣裾，肠断江南未归客。

[译文]

　　深红的桃花开了，洁白的杏花开了，它们把春天装扮得花枝招展。一阵春风吹过，花瓣纷纷飘落在衣裾上，此情此景，让客居他乡而未回的人儿极度悲痛。

杏（花）

杏（果实）

苦杏仁（饮片）

[中药注释]

诗句"桃花深红杏花白"中的"杏",系落叶乔木,高 5～8m。杏喜光、耐旱、抗寒、抗风,寿命可达百年,为低山和丘陵地带的主要栽培果树。杏仁,可入药。

苦杏仁: 本品为蔷薇科植物山杏、西伯利亚杏、东北杏或杏的成熟种子。夏季采收成熟果实,除去果肉和核壳,取出种子,晒干。

【别　　名】杏仁、山杏仁、杏核仁、杏子、杏梅仁、木落子等。

【性味与归经】苦,微温;有小毒。归肺、大肠经。

【功能与主治】降气止咳平喘,润肠通便。用于咳嗽气喘,胸满痰多,肠燥便秘。

【用法与用量】水煎服,5～10g,生品入煎剂需后下。

【注意事项】内服不宜过量,以免中毒。

【思考与实践】我们在日常生活中,经常吃的一种坚果叫"甜杏仁",它和苦杏仁有什么区别吗?

稻芽

[诗词]

茅屋为秋风所破歌

——唐代·杜甫

八月秋高风怒号，**卷我屋上三重茅**。茅飞渡江洒江郊，高者挂罥长林梢，下者飘转沉塘坳。

南村群童欺我老无力，忍能对面为盗贼。公然抱茅入竹去，唇焦口燥呼不得，归来倚杖自叹息。

俄顷风定云墨色，秋天漠漠向昏黑。布衾多年冷似铁，娇儿恶卧踏里裂。床头屋漏无干处，雨脚如麻未断绝。自经丧乱少睡眠，长夜沾湿何由彻！

安得广厦千万间，大庇天下寒士俱欢颜！风雨不动安如山。呜呼！何时眼前突兀见此屋，吾庐独破受冻死亦足！

[译文]

八月的深秋，狂风呼啸着，卷走了我屋顶上好几层茅草。茅草随风乱飞，有一些被吹过了浣花溪，散落到了江的对岸；有一些飞得高的茅草，缠绕在了高高的树梢上；还有一些飞得低的茅草，飘飘洒洒地沉落在低洼的水塘里。

南村的一群调皮的儿童欺负我年老没有力气，竟狠心地当着我的面抢走了茅草，还明目张胆地抱着茅草跑进竹林里去了。我喊得口干舌燥也喝止不住他们，回来后我也只能拄着拐杖独自叹息。

过了一会儿，狂风停下来了，天空上的云墨一样黑。秋季的天空阴沉、昏暗。家里的被子已经盖了很多年，如今又冷又硬铁板似的。孩子的睡觉姿势不好，早已把这被子给蹬破了。下雨后屋顶漏水了，整个屋子里就没有一点儿干燥的地方，雨水像下垂的麻线，不停地往下漏。自从安史之乱以来，我就睡眠不好，经常失眠，长夜漫漫，整个屋子里漏雨，床上被子也被打湿了，如何才能挨到天亮啊！

哪里有千万间宽敞的房屋，能庇护天底下贫寒的读书人，让他们都喜笑颜开啊！当房屋遇到狂风暴雨时，也不为其所动摇，安稳得就像山一样。唉！什么时候眼前才能出现这样高耸的房屋，到那时，即使我的茅草屋被秋风吹破，自己受冻而死，我也心甘情愿！

注：在古时候，穷人没有经济条件修建瓦房，故多用茅草来搭建房顶（俗称"茅草屋"或"茅屋"）。铺放茅草时，按从下往上的顺序，一层压住一层，并用绳索将茅草绑扎在竹杆或木条上，一般需要盖3层及以上（厚度约30cm）。茅草经日晒雨淋，会生虫霉烂，故三四年要更换一次。盖茅草屋常用的茅草有稻草、麦秆、斑茅、芦苇等。

[作者简介及创作背景]

杜甫（公元712—770年），字子美，号少陵野老。河南巩县（今河南省巩义市）人，祖籍湖北襄阳，后世称其杜拾遗、杜工部、杜少陵、杜草堂。杜甫是唐代最伟大的现实主义诗人，享有"诗圣"的美誉。他对中国古典诗歌的影响非常深远，他的诗被称为"诗史"。杜甫创作了《春望》《北征》《三吏》《三别》等名作，虽然在世时名声并不显赫，但后来声名远扬，对中国文学和日本文学都产生了比较深远的影响。约有1500首杜甫的诗歌被保留了下来，大多收集在《杜工部集》里面。

《茅屋为秋风所破歌》创作于唐肃宗上元二年（公元761年），是杜甫在成都浣花溪旁草堂居住时所创作的一首脍炙人口的歌行体古诗。公元760年的春天，杜甫躲避战乱，来到四川成都，因为生活拮据，于是四处求亲告友，终于在现今的成都市西门外的浣花溪边上，盖起了一座像样的茅草屋，从此便拥有了一个栖身的地方。没想到，在公元761年8月，茅草屋屋顶被大风所刮破，倾盆而下的大雨接踵而至。在当时，安史之乱尚未被平息，杜甫心中感慨万千，一气呵成地写下了这篇被后人高度颂传的诗作。

这首诗叙述了杜甫求亲告友好不容易盖起的茅草屋，被一场突如其来的狂风暴雨所破坏，以致全家人跟着遭受雨淋的痛苦历程，抒发了作

者心中的无限感慨，表达了作者忧国忧民的思想，堪称杜甫众多佳作中的典范。

稻

炒稻芽（饮片）

[中药注释]

诗句"卷我屋上三重茅"中的"茅"，指茅草。在古时候，穷人由于经济拮据，盖不起瓦房，故多采用稻草、麦秆、斑茅、芦苇等盖成茅草屋。在这里，我们只介绍茅草中的"稻草"，稻草即稻（亦称水稻、稻谷）、糯稻（亦称糯米）的秸秆（即茎叶）。稻的茎叶、成熟果实经发芽，以及糯稻的根和茎基等都可以入药。据《滇南本草》记载，稻草具有宽中、下气、温中、止泻的作用。糯稻根、稻根须的药用标准分别在《湖北省中药材标准（2018年版）》和《天津市中药饮片炮制规范（2018年版）》等地方标准上有记载。我们日常生活中最常用的则是稻芽这味中药，即稻的成熟果实（我们俗称"稻子"或"谷子"）经发芽而成。

注：水稻是我国人民的主要粮食作物之一，且水稻种植区域以南方为主。据考证，我国水稻的栽培历史悠久，是已知的世界栽培稻起源地之一。目前，"世界杂交水稻之父"袁隆平及其团队经过潜心研究，杂交水稻亩产已达到两千斤以上。

稻芽：本品为禾本科植物稻的成熟果实经发芽干燥的加工品。将稻谷用水浸泡后，保持适宜的温度、湿度，待须根长至约1cm时，干燥。

【别　　名】蘖米、谷蘖、稻蘖等。
【性味与归经】甘，温。归脾、胃经。
【功能与主治】消食和中，健脾开胃。用于食积不消，腹胀口臭，脾胃虚弱，不饥食少。炒稻芽偏于消食，用于不饥食少。焦稻芽善化积滞，用于积滞不消。
【用法与用量】水煎服，9～15g。
【思考与实践】请大家寻找一下，在常用中药里面，还有哪些中药是我们经常吃的食物或者食物的加工品呢？

浮小麦

[诗词]

为农
——唐代·杜甫

锦里烟尘外，江村八九家。
圆荷浮小叶，**细麦落轻花**。
卜宅从兹老，为农去国赊。
远惭勾漏令，不得问丹砂。

[译文]

  狼烟四起，唯有成都处于战乱之外，浣花溪地处城郊，附近住着八九户人家。水中的荷长出了圆圆而细小的叶子，田里的小麦轻轻地落下了麦花。这样美好的江村正适合现在的我终老一生。我退任务农远离长安，难于以身报国，自愧不能像晋代葛洪那样，炼成丹砂，以弃世成仙。

小麦 　　　　　　　浮小麦（饮片）

[创作背景]

这首诗是"诗圣"杜甫在成都浣花溪旁草堂居住时所创作的。当时,天下正处在安史之乱,而"锦里"——锦官城(成都)不受战乱影响,让诗人暂时得到一方安宁。而"为农"并不是诗人真正想要的生活,更不会下决心去追随葛洪学炼丹砂,这都可以从"去国赊"中看出。诗人始终不忘国事,在这寥落的江村,诗人通过对自身所处环境的描述,来进行极其无奈的自嘲。

[中药注释]

诗句"细麦落轻花"中的"麦",指小麦,别名麸麦、麦子、麦等。其为一年生或越年生草本,高60～100cm,秆直立,丛生,具6～9节。小麦是三大谷物之一。小麦的果实也是我们日常生活中的主食之一。将小麦磨成粉以后,可以制作成面条、馒头、面包、饼干等食物;发酵后可制成啤酒、酒精、白酒等。小麦富含淀粉、蛋白质、脂肪、矿物质、维生素A及维生素C等。

注:小麦是新石器时代人类对其野生祖先进行驯化的产物,其栽培历史已超过万年。公元前2000年,中国已开始种植小麦,并由黄河中游逐渐扩展到长江以南各地,后传入朝鲜、日本等。

浮小麦:本品为禾本科植物小麦轻浮瘪瘦的果实。

【别　　名】浮麦、浮水麦、麦壳、瘪麦、秕麦、麦壳蒌等。
【性味与归经】甘、咸,凉。归心经。
【功能与主治】益气,除热,止汗。用于自汗,骨蒸潮热,盗汗。
【用法与用量】水煎服,15～30g;或研末服。
【思考与实践】在中药房,还有一种中药叫麦芽,它有什么作用?又是怎么加工出来的呢?

藕节

[诗词]

菩萨蛮·回文夏闺怨
——宋代·苏轼

柳庭风静人眠昼,昼眠人静风庭柳。
香汗薄衫凉,凉衫薄汗香。
手红冰碗藕,藕碗冰红手。
郎笑藕丝长,长丝藕笑郎。

[译文]

  长满柳树的院子里没有一丝风,显得非常安静,妻子在白天睡得正香。在她正安静睡觉之际,起风了,院子里的柳条随风摇摆着。微风吹拂,薄薄的衣衫生出一丝凉意,凉凉的衣衫散发出淡淡的汗香气。

  她睡醒后,红嫩的手端着一碗冰凉的凉拌藕片。盛有凉拌藕片的小碗又冰着她红润的手。郎君笑碗中的藕丝牵连得太长了。妻子一边吃长丝藕,一边也调笑她的情郎。

[创作背景]

  这首词是《回文四时闺怨》之一,作于宋神宗元丰三年(公元1080年)十月。苏轼被贬黄州,"杜门谢客",冬至后又去天庆观养炼。在无所收获之后,写闺怨回文以疏解情绪。

莲

藕节

藕 　　　　　藕节（饮片）

[中药注释]

诗句"手红冰碗藕"中的"藕"，又称莲藕，系水生植物莲的地下茎。藕形状肥大，有节，中间有一些管状小孔，折断后有丝相连。藕一般分为红花藕、白花藕、麻花藕。红花藕瘦长，外皮褐黄色、粗糙，水分少，不脆嫩；白花藕肥大，外表细嫩光滑，呈白色，肉质脆嫩多汁，甜味浓郁；麻花藕粉红色，外表粗糙，含淀粉多。藕微甜而脆，可生食，可入菜，而且药用价值相当高。以藕为原料制成藕粉，能清热凉血，通便止泻，还可以开胃健脾。在清咸丰年间，藕粉就被定为御膳贡品。莲除了地下茎可以药用以外，它的根茎节部（藕节）、种子（莲子）、种子中的干燥幼叶及胚根（莲子心）、花托（莲房）、叶子（荷叶）等均可入药。

藕节：本品为睡莲科植物莲的根茎切取节部。秋、冬二季采挖根茎（藕），切取节部，除去须根，洗净，晒干。

【别　　　名】光藕节、藕节巴等。

【性味与归经】甘、涩，平。归肝、肺、胃经。

【功能与主治】收敛止血，化瘀。用于吐血，咯血，衄血，尿血，崩漏。

【用法与用量】水煎服，9～15g。

【思考与实践】请查找资料，莲的其他可入药部位的功能分别是什么？

石菖蒲

[诗词]

赠远二首
——唐代·薛涛

扰弱新蒲叶又齐,春深花落塞前溪。
知君未转秦关骑,月照千门掩袖啼。

芙蓉新落蜀山秋,锦字开缄到是愁。
闺阁不知戎马事,月高还上望夫楼。

[译文]

　　柔弱的石菖蒲叶子又长齐了,晚春时节,飘落的花儿堵塞了门前的小溪。知道心爱的人还没有越过秦关要塞,明月照耀之下,千户万户痴心等候的妇人在掩袖哭泣。

　　芙蓉花开始落了,蜀山也到秋天了,寄给丈夫的织锦回文诗打开关上全是哀愁,深居家里的妇人不知道现在的战事如何了,每到明月当空之时,仍继续登上望夫楼眺望,思念着远在战场上的丈夫。

[作者简介及创作背景]

　　薛涛(公元 768—832 年),字洪度。长安(今陕西省西安市)人,后定居成都。薛涛是一位极具传奇色彩的唐代著名女诗人。她八九岁能作诗,十六岁入乐籍,脱乐籍后终身未嫁。薛涛与刘采春、鱼玄机、李冶并称"唐朝四大女诗人";与卓文君、花蕊夫人、黄娥并称"蜀中四大才女"。其流传至今的诗作有九十余首。

　　薛涛曾居住在成都西郊的浣花溪旁(即今日的浣花溪公园),当时浣花溪附近的人很多以造纸为生。薛涛发现他们造的纸张尺寸都比

较大，不便于书写小诗，于是她采用木芙蓉皮为原料，再加入木芙蓉花汁，制成深红色精美的小彩笺，这就是后世流行的红色小八行纸。因为是薛涛发明的，故又称为"薛涛笺"。"薛涛笺"多用于写情诗、情书，来表达爱慕思念之意，这在当时及后世广为流传。

元和四年（公元809年）三月，当时著名的诗人元稹，以监察御史的身份奉命出使蜀地，与同样远近闻名的女诗人薛涛相识、相恋。这首《赠远》是薛涛在元稹被贬谪的时候写的，可以看出薛涛对元稹深刻的爱慕与担忧。

石菖蒲 　　　　　　石菖蒲（饮片）

[中药注释]

诗句"扰弱新蒲叶又齐"中的"蒲"，指石菖蒲，系多年生草本植物，其根茎芳香。石菖蒲多生长在山涧水石空隙之中，或山沟流水砾石之间，喜欢冷凉湿润的气候，阴湿环境，耐寒，不耐干旱。石菖蒲的根茎和花蕾均可入药。

石菖蒲：本品为天南星科植物石菖蒲的根茎。秋、冬二季采挖，除去须根和泥沙，晒干。

【别　　名】九节菖蒲、山菖蒲、药菖蒲、金钱蒲、菖蒲叶、水剑蒲、香菖蒲等。

【**性味与归经**】辛、苦，温。归心、胃经。

【**功能与主治**】开窍豁痰，醒神益智，化湿开胃。用于神昏癫痫，健忘失眠，耳鸣耳聋，脘痞不饥，噤口痢。

【**用法与用量**】水煎服，3～10g。

【**思考与实践**】在我们周围公园或小沟渠等地方寻找一下有没有石菖蒲，仔细观察它们的生长环境和植物特征。

芦根

[诗词]

城南杂咏二十首·船斋
——宋代·张栻

窗低芦苇秋,便有江湖思。
久已倦垂纶,游鱼不须避。

[译文]

　　窗外秋天的芦苇摇曳起伏,勾起了我行江游湖的想法。如今我已经厌倦了垂钓,湖中游动的鱼儿也不必回避我了。

[作者简介]

　　张栻（公元1133—1180年）,字敬夫、钦夫、乐斋,号南轩,后世称其为南轩先生,南宋汉州绵竹（今四川省绵竹市）人。张栻出生于西蜀,但长于南楚。他八岁便随父亲张浚（南宋名相）离开了故乡去到长沙,后定居于长沙城南妙高峰,是南宋著名理学家、哲学家、教育家,和朱熹、吕祖谦并称为"东南三贤"。

芦苇 　　　　　　　　　　芦根（饮片）

[中药注释]

诗句"窗低芦苇秋"中的"芦苇",别名苇、芦、芦笋、蒹葭等,系多年水生或湿生的高大禾草,根状茎十分发达。茎直立,高 1～3m。一般生长在沟渠旁、河堤沼泽地等处。芦叶、芦花、芦茎、芦根、芦笋均可入药。

芦根:本品为禾本科植物芦苇的根茎。全年均可采挖,除去芽、须根及膜状叶,鲜用或晒干。

【别　　　名】芦茅根、苇根、甜梗子、芦芽根等。
【性味与归经】甘,寒。归肺、胃经。
【功能与主治】清热泻火,生津止渴,除烦,止呕,利尿。用于热病烦渴,肺热咳嗽,肺痈吐脓,胃热呕哕,热淋涩痛。
【用法与用量】水煎服,15～30g,鲜品用量加倍,或捣汁用。
【思考与实践】在我们日常生活中,还有一种常生长在水边的植物——芦竹,它和芦苇长得差不多,并且芦竹的根茎也可以入药,请查一下,它们的性状和功能有何异同?

蝉蜕

[诗词]

题城南书院三十四咏

——宋代·张栻

新竹成林蕉叶青,**隔篱深处有蝉鸣**。
晚凉更觉长堤静,自绕荷花待月明。

[译文]

　　书院外面新发的竹子已经长成了林子,芭蕉叶绿油油的,隔着篱笆围栏,从竹林深处传来阵阵蝉鸣。待到夜晚,天气转凉了,长长的河堤周围显得格外幽静,于是我独自围绕满塘的荷花散着步,等待着明亮的月光洒向大地。

黑蚱 　　　　　　　蝉蜕(饮片)

[中药注释]

　　诗句"隔篱深处有蝉鸣"中的"蝉",别名知了、蛣蟟、嘛叽嘹、黑老哇等。雄蝉的腹部有发音器,能连续不断地发出尖锐刺耳的声音,而雌蝉不会发声。

蝉蜕：本品为蝉科昆虫黑蚱的若虫羽化时脱落的皮壳。夏、秋二季收集，除去泥沙，晒干。

【别　　　名】蝉壳、知了皮、虫衣、金牛儿、蝉退、蝉衣等。

【性味与归经】甘，寒。归肺、肝经。

【功能与主治】疏散风热，利咽，透疹，明目退翳，解痉。用于风热感冒，咽痛音哑，麻疹不透，风疹瘙痒，目赤翳障，惊风抽搐，破伤风。

【用法与用量】水煎服，3～6g。

【思考与实践】请了解一下，我们身边还有哪些昆虫可以入药？

僵蚕

[诗词]

白塔铺歇马
——宋代·苏轼

甘山庐阜郁相望,林隙熹微漏日光。
吴国晚蚕初断叶,占城早稻欲移秧。
迢迢涧水随人急,冉冉岩花扑马香。
望眼尽从飞鸟远,白云深处是吾乡。

[译文]

甘山和庐山的草木都非常茂盛,两山相隔不远,并相向而立,由于树木茂密,只有很少一点阳光从树木间隙照射下来。现在正是江南最后一批蚕停止吃桑叶而开始结茧的时节,占城稻也开始移栽秧苗了。远处夹在两山间水沟的水非常湍急,满山野花的清香缓缓地扑鼻而来。放眼望去,飞鸟越飞越远,希望飞鸟带着我的思念,飞到白云深处,因为那边就是我的家乡。

家蚕 　　　　　　　僵蚕(饮片)

[中药注释]

诗句"吴国晚蚕初断叶"中的"蚕",别名:蚕宝宝。蚕分家蚕(即桑蚕)、山蚕(即柞蚕)。在家中集中饲养吃桑叶的叫家蚕;在山上饲养食柞树叶的叫山蚕。蚕的一生要经过"蚕卵—蚁蚕—熟蚕—蚕茧(蛹)—蚕蛾"五个阶段,共约五十多天。蚕是蚕蛾科昆虫的幼虫。蚕吐的丝是制作丝绸的主要原料。中国南方及台湾地区一般把家蚕称为"蚕宝宝"。

僵蚕:本品为蚕蛾科昆虫家蚕4～5龄的幼虫感染(或人工接种)白僵菌而致死的干燥体。多于春、秋季生产,将感染白僵菌病死的蚕干燥。

【别　　名】天虫、姜虫、白僵蚕、白殭虫、僵虫、江蚕、姜蚕等。

【性味与归经】咸、辛,平。归肝、肺、胃经。

【功能与主治】息风止痉,祛风止痛,化痰散结。用于肝风夹痰,惊痫抽搐,小儿急惊风,破伤风,中风口㖞,风热头痛,目赤咽痛,风疹瘙痒,发颐痄腮。

【用法与用量】水煎服,5～10g。

【思考与实践】请大家查资料比较僵蚕与冬虫夏草的"虫体"有什么区别?

赭石

[诗词]

江上看山

——宋代·苏辙

朝看江上枯崖山，**憔悴荒榛赤如赭**。
莫行百里一回头，落日孤云霭新画。
前山更远色更深，谁知可爱信如今。
唯有巫山最秾秀，依然不负远来心。

[译文]

早上去看江上的枯崖山，山上的树木瘦弱，野草荒芜，颜色红得像赭石。千万不要走百里路就回头看风景，等到太阳落山时，孤零零的云彩也可以在天空中形成一幅美丽的画。前方的山更遥远，颜色更加深沉，谁知道它如今仍然这样可爱。唯有巫山最繁茂美丽，一直以来都不辜负远道而来客人的盛情。

[作者简介]

苏辙（公元1039—1112年），字子由、同叔，号颍滨遗老。眉州（今属四川省眉山市）人。北宋时期文学家、官员，是"唐宋八大家"之一，苏辙与父亲苏洵、兄长苏轼齐名，合称"三苏"。

苏辙生平学问深受其父兄影响，以散文著称，擅长政论和史论，苏轼称其散文"汪洋澹泊，有一唱三叹之声，而其秀杰之气终不可没"。其诗与苏轼文采相比稍逊色。苏辙亦善书，其书法潇洒自如，工整有序，著有《栾城集》。

赭石　　　　　　　　　赭石（饮片）

[中药注释]

　　诗句"憔悴荒榛赤如赭"中的"赭"，指赭石，其呈现暗棕红色或灰黑色，条痕樱红色或红棕色，有的有金属光泽。赭石可入药，亦可做颜料。

赭石： 本品为氧化物类矿物赤铁矿的矿石，主含三氧化二铁（Fe_2O_3）。采挖后，除去杂石。

【别　　　名】代赭、须丸、赤土、丁头代赭、代赭石、土朱、钉头赭石、钉赭石等。

【性味与归经】苦，寒。归肝、心、肺、胃经。

【功能与主治】平肝潜阳，重镇降逆，凉血止血。用于眩晕耳鸣，呕吐，噫气，呃逆，喘息，吐血，衄血，崩漏下血。

【用法与用量】水煎服，9～30g，宜打碎先煎。

【注意事项】孕妇慎用，因本品含微量砷，故不宜长期服用。

【思考与实践】请在中药房仔细查找一下，还有哪些矿物类中药？

竹沥

[诗词]

惠崇春江晚景二首（其一）

——宋代·苏轼

竹外桃花三两枝，春江水暖鸭先知。
萎蒿满地芦芽短，正是河豚欲上时。

[译文]

竹林外有两三枝桃花正在绽放，水中嬉戏的鸭子最先察觉到初春江水的回暖。河滩上长满了萎蒿，芦苇也长出了短短的新芽，此时正是河豚从大海逆流而上回游到江河里的时候。

[创作背景]

本诗是神宗元丰八年（公元1085年）苏轼为惠崇（福建建阳人，北宋僧人，擅诗、画）所绘《春江晚景》两幅画上所写的"题画诗"。

粉绿竹 　　　　　　　　竹沥（饮片）

[中药注释]

诗句"竹外桃花三两枝"中的"竹",指竹子。竹子的品种繁多,全世界有1200多种竹子。在四川常见的竹子有慈竹(又名慈孝竹、孝顺竹等)——属于丛生型,斑竹(又名湘妃竹等)——属于散生型,箭竹(又名滑竹等)——属于混生型,等等。竹子耐寒耐旱,常生长在平原、低山坡地及河滩上。竹竿坚韧,挺拔,修长,亭亭玉立,四季青翠,凌霜傲雪。竹是"梅兰竹菊"四君子之一,也是"梅松竹"岁寒三友之一。竹自古以来就深受人们的喜爱,有人称赞竹子是"虚心竹有千千节"。清代大画家郑板桥专门为竹写了一首诗:"咬定青山不放松,立根原在破岩中。千磨万击还坚劲,任尔东西南北风。"有些品种的竹的叶子可以药用,茎秆可以加工成竹茹、竹沥等。

注:竹叶,全年可采收,取淡竹及多种同属植物的叶子,除去杂质,干燥。竹茹,全年均可采制,具体加工方法:取青秆竹、大头典竹、淡竹的新鲜茎,除去外皮,将稍带绿色的中间层刮成丝条,或削成薄片,捆扎成束,阴干。前者称"散竹茹",后者称"齐竹茹"。

竹沥:本品为禾本科植物粉绿竹、净竹及其同属数种植物的鲜秆经加热后自然沥出的液体。

【别　　名】竹汁、竹油等。
【性味与归经】甘,寒。归心、胃经。
【功能与主治】清热化痰,镇惊利窍。用于中风不语,咳嗽痰多,消渴烦闷,惊风,癫痫。
【用法与用量】冲服,入丸剂或煎膏,10～30ml。
【思考与实践】成都市区内的望江楼公园里面栽种有五百多种竹,大家可以去看看它们的外观形状。

酒

[诗词]

临江仙

——明代·杨慎

滚滚长江东逝水,浪花淘尽英雄。

是非成败转头空。青山依旧在,几度夕阳红。

白发渔樵江渚上,惯看秋月春风。

一壶浊酒喜相逢。古今多少事,都付笑谈中。

[译文]

  滚滚长江向东流,不再回头,多少英雄像翻飞的浪花般消逝。争什么是与非、成功与失败,都是短暂不长久的。只有青山是依然存在的,只有日升日落依然存在的。江上白发渔翁,早已习惯了四时的变化。和朋友难得见一面,就痛快地畅饮一杯酒。古往今来的纷纷扰扰,都成为下酒闲谈的材料。

[作者简介]

  杨慎(公元1488—1559年),字用修,号月溪、升庵、洞天真逸、逸史氏、博南山人、滇南戍史、金马碧鸡老兵等,是四川新都(今成都市新都区)人,祖籍庐陵(今江西省吉安市)。杨慎是明代文学家、学者、官员,明代三才子之首,东阁大学士杨廷和之子。

  杨慎博览群书,其诗词曲各体皆备,独有风格。其诗沉酣六朝,揽采晚唐,造诣深厚。乐府首倡《花间》,影响隆、万以下风尚,同趋绮丽。其著作多达四百余种,涉及经史方志、天文地理、金石书画、音乐戏剧、宗教语言、民俗民族等,被后世整理为《升庵集》。

白酒

[中药注释]

　　诗句"一壶浊酒喜相逢"中的"浊酒",指未过滤的酒,它是用糯米、黄米等酿制而成的。浊酒是相对于清酒而言的。顾名思义,酒呈浑浊状。因其压榨过程中,采用相对稀疏的过滤纸过滤,于是酒醪中相对细微的白色发酵物会随酒液渗透下来,这样采集而成的便是浊酒。如静置它几小时,这些细微白色发酵物就会逐渐沉淀下来。古人在饮用浊酒之前,要先将酒瓶摇晃数次,使其均匀,方可品尝到真正的浊酒风味。

　　注:黄酒为米、麦、黍等用曲酿制而成,乙醇含量15%～20%,相对密度约0.98,含糖类、维生素、有机酸、氨基酸、矿物质等,一般为棕黄色透明液体,气味醇香特异。白酒为米、麦、黍、高粱等和曲酿制经蒸馏而成,乙醇含量50%～70%,相对密度0.82～0.92,含酸类、酯类等,一般为无色澄明液体,气味醇香特异,有较强的刺激性。二者均可作炮制辅料之用,浸药多用白酒,炙药多用黄酒。《诗经·豳风·七月》曰:"八月剥枣,十月获稻。为此春酒,以介眉寿。"在中国,酒的出现已相当久远。据资料显示,在元代之前,古人大多喝黄酒、米酒。元代之后,蒸馏酒(亦称烧酒、白酒)逐渐盛行。应注意酒少饮则和血行气,壮神御寒,消愁遣兴;痛饮则伤神耗血,损胃亡精,生痰动火。

酒：本品为用粮食或水果等含淀粉或糖的物质经过发酵制成的含乙醇的饮料，如白酒、葡萄酒等。

【别　　　名】杜康、杯中醁等。

【性味与归经】甘、辛，大热。归心、肝、肺、胃经。

【功能与主治】活血通络，祛风散寒，行药势，矫臭矫味。用于风寒痹痛，筋脉挛急，胸痹，心痛，脘腹冷痛。

【用法与用量】内服：适量；或和药同煎；或浸药。外用：适量，单用或制成酒剂涂搽；或湿敷；或漱口。

【注意事项】阴虚、失血及湿热甚者忌服。

【思考与实践】大家看过《三国演义》这部电视连续剧吗？其中的主题曲《滚滚长江东逝水》就用了杨慎这首词的内容。

第三单元

品诗寻养生

中医养生是中国人的生活方式。例如，琴棋书画、养花钓鱼等能赏心悦目、陶冶情操；打球、跳舞、练太极等能强身健体、内外兼修。总之，养生的方法形式多样、因人而异、不拘一格，但总体以身心愉悦、益寿延年为目的。

诗歌可以托物言志，诗歌可以借物抒情，诗歌还可以养生。将诗词文化和中医养生文化交汇融合，诗词内涵则变得更加饱满，中医养生也会别具风韵。

在中华文明发展的历史长河中，古诗词浩如烟海，其中有不少名人雅客将其养生之道寓于诗词歌赋之中，集知识性、科学性、实用性和趣味性于一体，为后人留下了十分珍贵的精神财富。例如，东晋大诗人、不为五斗米折腰的陶渊明在《归田园居》一诗中就写道："结庐在人境，而无车马喧。问君何能尔，心远地自偏。采菊东篱下，悠然见南山。山气日夕佳，飞鸟相与还。此中有真意，欲辨已忘言。"这是一首惟妙惟肖的养心诗，意与境合，物与心融，悠然自得，妙不可言。

北宋文学家苏轼一生坎坷，屡遭贬谪，但他却能处世达观，淡泊名利，心胸豁达，寄情于山水之间。正因如此，他活到了六十五岁，这在"人生七十古来稀"的古代已经算是高寿

了。我们可以从他的一些诗词中领略到他高超的养生智慧。如《六月十二日，酒醒步月，理发而寝》中曾写道："羽虫见月争翾翾，我亦散发虚明轩。千梳冷快肌骨醒，风露气入霜蓬根。"说的是诗人在皎洁的月光下，站立在空旷的轩阁之中，用双手十指梳发健身的情景。另外，苏轼很喜欢吃蜂蜜，每次吃蔬菜时必蘸蜂蜜："予少嗜甘，日食蜜五合，尝谓以蜜煎糖而食之可也。"由此可见苏轼对蜂蜜的喜爱。蜂蜜具有营养心肌、保护肝脏、润肠胃、降血压、防止心脑血管硬化等功能。苏轼还曾给朋友写过养生方："一曰无事以当贵，二曰早寝以当富，三曰安步以当车，四曰晚食以当肉。"意思是说，人不能考虑太多的功名利禄、荣辱过失，要潇洒大度；还要养成良好的作息习惯；不要过于讲求安逸；要节制饮食。他处方的四味"长寿药"，实际上就是对"情志、睡眠、运动、饮食"四个方面的养生建议。此外，苏轼还喜欢饮茶，提倡书法养生等。后世，清代学者王如锡将苏轼的这些养生文章编撰成了一本《东坡养生集》。

我们可以总结、学习前人的养生经验，并根据自己的具体情况选择适合自己的养生方法，而后付诸实践，持之以恒，这样才能有所收获，才能达到颐养天年的效果。下面，就让我们一起来品鉴古诗词中的那些养生智慧吧。

饮食养生

[诗词]

豆粥

——宋代·苏轼

君不见滹沱流澌车折轴,公孙仓皇奉豆粥。

湿薪破灶自燎衣,饥寒顿解刘文叔。

又不见金谷敲冰草木春,帐下烹煎皆美人。

萍齑豆粥不传法,咄嗟而办石季伦。

干戈未解身如寄,声色相缠心已醉。

身心颠倒不自知,更识人间有真味。

岂如江头千顷雪色芦,茅檐出没晨烟孤。

地碓舂秔光似玉,沙瓶煮豆软如酥。

我老此身无著处,卖书来问东家住。

卧听鸡鸣粥熟时,蓬头曳履君家去。

[译文]

您没看见刘秀(字文叔)起兵时曾被强敌追得东逃西窜,当逃到河北滹沱河下游的饶阳芜蒌亭时,车轴被流冰折断,已是饥寒交迫,狼狈不堪,幸亏冯异(字公孙)送来豆粥。这是公孙用自己的衣服去点燃打湿的木柴,在破烂的灶上煮出来的,才使得刘秀有了一顿温饱,免受饥寒之苦。您又没看见金谷园里冰雪消融、草木生长的情景,帐幕下烧煮烹饪的尽是美人。

萍齑豆粥的烹饪方法秘不告人,石崇(字季伦)家靠它做豆粥做得又快又好,在与王家的斗富中胜出。刘秀为战事奔波,流离失所,居无定处,石崇醉心于声色之美。身心颠倒,不知不觉中更加识得人间真正的美味。早晨茅草屋上升起的袅袅炊烟,就像江边上一望无际雪白的芦

苇一样。用地碓碾碎稻子，米粒光滑得像玉，用砂锅煮豆，豆子柔嫩松软。等到我年纪特别大了、没有安身之处的时候，我就卖书来到这里住下。当睡到鸡鸣粥熟的时候，我就睡眼惺忪，蓬头垢面地趿着拖鞋向您家走去。

[养生注释]

民以食为天，自古以来饮食养生备受推崇。因为大家在享受美食、饱腹的同时，也可以通过食疗达到益寿延年的目的，这是两全其美的事。本诗词中的豆粥，即米中掺豆煮成粥，营养极其丰富。在日常生活中，根据使用的豆子不同，功能也有所不同。常见豆粥有绿豆粥（清热解暑）、红豆粥（清心和血）、黄豆粥（健脾除湿）、黑豆粥（补肾利水）等。也有将几种豆子混合起来煮粥的，如三豆汤（将绿豆、赤小豆、黑豆等量混合煮成粥，食豆喝汤，有利水消肿、解毒排脓的作用）、五豆粥（由黄豆、白扁豆、黑豆、绿豆、赤小豆混合熬成的粥，具有健脾和胃、补肾益肺、降脂保肝、宽肠利气、强健身体等作用）。豆类含有丰富的营养物质，一般黄豆、黑豆含较多的蛋白质和脂肪（比如我们生活中常吃的大豆油，就是由黄豆压榨而成的），绿豆、豌豆和蚕豆含碳水化合物则相对较多。

【思考与实践】了解一下我们常吃的"腊八粥"里面都有哪些食物或者中药呢？

情趣养生

[诗词]

於潜僧绿筠轩
——宋代·苏轼

宁可食无肉,不可居无竹。
无肉令人瘦,无竹令人俗。
人瘦尚可肥,士俗不可医。
旁人笑此言,似高还似痴。
若对此君仍大嚼,世间那有扬州鹤?

[译文]

　　宁可餐桌上没有肉吃,也不能让居住的地方没有竹子。没有肉吃,只不过会让人变得消瘦,但如果居住的地方没有竹子,就会让人变得庸俗。人瘦还可变肥,人俗就难以医治了。旁人对此不解,嘲笑着问:"似高还似痴?"那么请问,又想种竹而得其高雅之名,又要面竹而大嚼其甘味,人间哪有"腰缠十万贯,骑鹤上扬州"这等鱼和熊掌兼得的美事呢?

[创作背景]

　　北宋熙宁六年(公元1073年)春,苏轼出任杭州通判时,从富阳、新登,取道浮云岭,进入於潜县境"视政"。於潜僧慧觉在於潜县南二里的丰国乡寂照寺出家。寺内有绿筠轩,以竹点缀环境,十分幽雅。苏轼与僧慧觉游绿筠轩时,写下了这首《於潜僧绿筠轩》。

[养生注释]

　　情趣养生，就是通过自己对外界客观环境或事物的情绪反应（或称自我调节），将心情调节到最佳状态，使人健康长寿的方法。这是通过调整对物或事的喜好来达到身心愉悦，从而益寿延年的一种养生方式。当人处在不良的环境或遇到不好的事物的时候，往往会进入悲观、失望、情绪低落的状态，从而导致内脏阴阳气血的失调，这是不利于身心健康的。中医认为，思虑过度伤脾，忧伤过度伤肺，欢喜过度伤心，惊恐过度伤肾，发怒过度伤肝。如何才能让自己身心时刻保持愉悦呢？改变眼前不好的环境或选择一种爱好，可谓是明智之举。例如，陶渊明独爱菊等，就属于贤人名士通过情趣来达到修身养性的目的。

【思考与实践】查阅一下古诗词中关于"竹"的诗词都有哪些？

心性养生

[诗词]

定风波
——宋代·苏轼

三月七日,沙湖道中遇雨,雨具先去,同行皆狼狈,余独不觉。已而遂晴,故作此词。

莫听穿林打叶声,何妨吟啸且徐行。竹杖芒鞋轻胜马,谁怕?一蓑烟雨任平生。料峭春风吹酒醒,微冷,山头斜照却相迎。回首向来萧瑟处,归去,也无风雨也无晴。

[译文]

宋神宗元丰五年(公元1082年)的三月七日,苏轼等一行人在沙湖道上突遇下雨,而前面的人带着雨具先走了,后面同行的人感觉进退都很困难,只有我没有这种感觉。过了一会儿天晴了,于是就写了这首词。

不用注意那穿林打叶的狂风骤雨声,不妨放开喉咙吟咏长啸从容地行走。拄着竹杖、穿着草鞋,走得比骑马的人还轻快,谁怕这种艰辛和磨难?一身蓑衣任凭风吹雨打,照样过我的一生!春风微凉,吹醒了我的酒意,微微感觉有点儿冷,初晴山头的斜阳迎面照射而来。再回头看刚才刮风下雨的地方,我信步归去,不管它是刮风下雨还是放晴。

[创作背景]

这首记事抒怀之词作于宋神宗元丰五年(公元1082年)春,当时是苏轼因"乌台诗案"被贬为黄州团练副使的第三个春天。他与朋友春日出游,在归途中突遇风雨,却丝毫不感困难,泰然处之,吟咏自若,缓步而行。

[养生注释]

积极面对生活中的逆境，不畏惧、不颓丧体现了诗人豁达的性格和旷达的胸怀。这也是对生活应有的乐观、洒脱心态。只要始终保持着一颗鲜活灵动的心，那么在逆境中也有希望，在忧患中也有喜悦。常言道："心若向阳，便是晴天。"这是一种儒家积极入世的人生态度的表现。正如《雨中登泰山》中所言："一路行来，有雨趣而无淋漓之苦，自然也就格外感到意兴盎然。"刘禹锡的《陋室铭》，也是以一种积极乐观的心态面对眼前所处的"困境"，且怡然自得。当我们面对同样的境况，不同的心境会产生不同的结果，这就是心性养生的目的和意义。

【思考与实践】一门父子三词客，千古文章四大家。眉山市的"三苏祠"大家都去过吗？可以去进一步了解一下。

环境养生

[诗词]

江村

——唐代·杜甫

清江一曲抱村流,长夏江村事事幽。
自去自来堂上燕,相亲相近水中鸥。
老妻画纸为棋局,稚子敲针作钓钩。
但有故人供禄米,微躯此外更何求?

[译文]

　　清澈的江水曲折地绕村流过,长长的夏日里,村中的一切都显得格外幽静。梁间的燕子自由自在地飞来飞去,水中的白鸥相伴相随。妻子在纸上画着棋盘,小儿敲针做着鱼钩。只要有老朋友给予一些钱米,我这种老拙之身还有什么别的奢求呢?

[创作背景]

　　这首诗写于唐肃宗上元元年(公元760年)。就在几个月前,杜甫经过四年的流亡生活,来到了这不曾遭到战乱骚扰的、暂时还保持安宁的西南富庶之乡——成都郊外的浣花溪畔。他依靠亲友的资助,辛苦地建起了一座茅草屋。饱经离乡背井的苦楚,备尝颠沛流离的艰虞,杜甫终于拥有了一个暂时的栖身之所。时值初夏,浣花溪畔,江流曲折,水木清华,一派恬静幽雅的田园景象。诗人信手拈来作《江村》,愉悦之情跃然纸上。

[养生注释]

人具有自然的属性，也具有社会的属性。世界卫生组织（WHO）曾总结影响一个人健康的因素是：健康 =60% 生活方式 +15% 遗传因素 +10% 社会因素 +8% 医疗因素 +7% 气候因素。而生活环境一般包括地理环境、气候环境、社会环境，以及每个人学习、工作、生活的房屋居室这样的小环境。环境优雅、气候适宜、社会祥和安宁、家庭氛围融洽，可以使我们身心愉悦，这些是让我们健康长寿的重要条件。如果处于环境污染、气候恶劣、社会不和谐的境况，我们势必身心疲惫，就谈不上健康长寿了。

【思考与实践】成都西郊的杜甫草堂和浣花溪公园大家都去过吗？可以去进一步了解一下"诗圣"在成都的生活情况。

按摩养生

[诗词]

六月十二日，酒醒步月，理发而寝
——宋代·苏轼

羽虫见月争翾翻，我亦散发虚明轩。
千梳冷快肌骨醒，风露气入霜蓬根。
起舞三人漫相属，停杯一问终无言。
曲肱薤簟有佳处，梦觉瑶楼空断魂。

[译文]

　　鸟儿见到月亮就争着翻飞，我也散着头发，站立在空旷的轩阁之中。不停地梳着头，有一种神清气爽的感觉，犹如风露之气进入了白发根。在月下起舞，与月亮和影子做伴，向它们举杯敬酒，放下杯盏后却相对无言。酒后屈着胳膊睡躺在凉席上，非常舒服。睡梦中梦见登上了琼楼玉宇，醒来后心里空落落的，像丢了魂一样。

[养生注释]

　　古人头发较长，因此梳头成为人们每天需要做的一件重要的事情。苏轼从这个细节里发现了养生的诀窍，并践行着"梳发"养生。人的头顶正中有一个穴位叫"百会穴"，人体全身的经络或直接汇集头部，或间接承于头部。通过梳头刺激头部穴位，协同物理按摩加强头皮的血液循环，可以疏通气血经络，起到滋养和坚固头发、健脑提神、聪耳明目、缓解头痛、预防感冒等作用。尤其是用十个手指头当梳子梳头，不仅十分方便，还养生。梳头操作时应注意：每天早晚用梳子或手指从前

额正中开始梳，用力不要太重或过猛，力道要均匀，动作不要太快，不然会损伤头皮，先向头部、枕部、颈部梳划，然后再梳头的两侧。一般每次可以梳 50～100 下，或梳至头皮微微发热即可。

【思考与实践】"十指梳"这种养生保健方法，大家可以试试效果怎么样。

第二篇 生活中的中医药

导言

　　人类在最早为了生存而摄取食物的过程中，偶然发现有些食物在果腹的同时，还有增强体力、减轻不适症状的作用。经过相当长一段时间的探索实践，人类逐步积累了一些食物在医疗和药用方面的经验。这就是食疗药膳的起源。四川地处我国西南腹地，平均海拔较低，地形以盆地为主，物产丰富，气候常年温暖湿润，特别适合动植物繁衍生长。在我们身边的公园、田间地头，以及日常生活中，很多中草药随处可见，这些中草药大多可以用作食疗及治疗疾病。即使在物质十分丰富的当今社会，很多地方的人们仍然保持着民间的一些食疗习俗，如按季节、节气及疾病需要服用一些食疗药膳，以达到扶正祛邪、益寿延年的目的。有些食疗药膳还获得了"非物质文化遗产"称号或成为国家地理标志产品。例如，青城山的白果炖鸡、眉山的东坡肘子、仁寿的芝麻糕等。近年来，随着我国经济社会发展水平的不断提升，关注养生的人越来越多，人们养生保健的意识也越来越强。养生不仅成为一种生活方式，同时也成为民族复兴，实现"健康中国"的一个重要标志。四川作为道教的发源地和发祥地，道家养生文化和食疗药膳文化早已深深根植于四川人民心中，融入四川人民的生活。

第四单元

田间地头常见的中药

前面，我们通过了解"神农尝百草"的故事，可以知道中药主要来源于大自然。在日常生活中，天然植物是中药的重要来源。在田间地头，中药随处可见，一些看似不起眼的花花草草，却可以用来为我们驱除疾病、益寿延年。下面，就让我们一起来认识一下田间地头常见的中药吧！

玫瑰花

娇艳欲滴的红玫瑰，象征着似火热情和激情满满，热恋之人喜欢玫瑰花，因为它的花语是"我爱你""热恋"。玫瑰花色美花香人人爱，宋代诗人杨万里的《红玫瑰》写出了它的花香四溢，以及诗人对它的爱不释手。《红玫瑰》全诗如下：

非关月季姓名同，不与蔷薇谱牒通。
接叶连枝千万绿，一花两色浅深红。
风流各自胭脂格，雨露何私造化工。
别有国香收不得，诗人熏入水沉中。

玫瑰花

【来　　源】为蔷薇科植物玫瑰的花蕾。
【别　　名】徘徊花、笔头花、湖花、刺玫花等。
【性味与归经】甘、微苦，温。归肝、脾经。
【功能与主治】行气解郁，活血，止痛。用于肝胃气痛，食少呕恶，月经不调，跌扑伤痛。

【注意事项】阴虚火旺者禁用。

【食　　疗】玫瑰花粥，具有理气行血、散瘀止痛的功能。可用于妇女痛经等。准备已经开放的玫瑰花6朵、大米60g、冰糖少许。先将玫瑰花的花瓣一片片撕下后洗净备用，当大米加水煮成粥时，再撒入玫瑰花瓣和冰糖，继续煮3～5分钟，即可食用。

【思考与实践】比较一下月季花和玫瑰花，两者在植物形态、花、花托、花柄上都有哪些不同？建议在节日期间给你爱的人送上一束玫瑰花，或者沏一杯玫瑰花茶。

金银花

大家对金银花应该不陌生，金银花刚绽放的时候为白色，然后慢慢转变为黄色，因银子色白、金子色黄，因此得名金银花。金银花有"清热解毒良药"的美誉。

北宋的黄庭坚知识渊博，把中药名嵌入诗文，在《药名诗奉送杨十三子问省亲清江》中提到了忍冬花（即金银花），诗文节选如下：

> 婆娑石上舞林影，
> 付与一世专雌黄。
> 寂寥吾意立奴会，
> 可忍冬花不尽觞。

金银花

【来　　源】为忍冬科植物忍冬的花蕾或初开的花。
【别　　名】忍冬花、银花、双花等。
【性味与归经】甘，寒。归肺、心、胃经。
【功能与主治】清热解毒，疏散风热。用于痈肿疔疮，喉痹，丹毒，热毒血痢，风热感冒，温病发热。

【食　　疗】萝卜银花蜜，具有疏风润肺、化痰止咳的功能。准备白萝卜80g、金银花10g、蜂蜜60g。先将白萝卜削去外皮，然后切块或者切片，再与金银花一同放于碗内，上蒸锅，待白萝卜蒸熟后，加入蜂蜜搅拌均匀，即可食用。

【思考与实践】四川南江县、通江县还主产一种山银花。四川南江县的南江山银花种植历史悠久，是我国国家地理标志产品。大家可以找找山银花与金银花的资料，看看它们的花型有什么区别？

艾叶

艾叶的使用，不论在医院，还是在日常生活中都非常普遍。在清明节前后，用鲜嫩的艾叶做青团；在端午节时，屋门口挂上菖蒲、艾叶避邪；在日常，用艾叶熬的水泡脚；在医院，用艾叶制作的艾条艾灸等等。有句谚语："家有三年艾，郎中不用来。"

关于艾叶治病，还有一个传说。古时候，有一位名叫莫徭的人，有一天，他瞧见了一头老象在芦苇丛旁卧着，正发出痛苦的呻吟。莫徭靠前查看，大象很有灵性地举起了前腿，原来腿上扎着尖锐的刺。莫徭急忙想办法将刺拔出，可当刺拔出的同时，伤口处的鲜血也随之涌出。站在一旁的小象立即跑向远处，用它那灵活的象鼻卷起一把新鲜的艾叶，然后带着艾叶跑回莫徭身边。莫徭接过艾叶揉碎，即在老象的伤口处敷上，不一会儿，伤口处的血便止住了。片刻后，老象竟能慢慢地站起来小步走动了。后来，老象为了表达感谢，时常带着小象来到莫徭的家，帮其犁田耕地。从此周边的人们开始熟悉这普普通通的艾叶，认定其是一种天赐良药，并慢慢运用起来。

艾叶

【来　　　源】为菊科植物艾的叶。

【别　　　名】医草、炙草、艾蒿等。

【性味与归经】辛、苦，温。归肝、脾、肾经。

【功能与主治】温经止血，散寒止痛，安胎；外用祛湿止痒。用于吐血，衄血，崩漏，月经过多，胎漏下血，少腹冷痛，经寒不调，宫冷不孕。外治皮肤瘙痒。

【注意事项】阴虚血热者慎服。

【食　　　疗】艾叶煎蛋，具有温经止血、散寒止痛的功能。准备鲜艾叶3g、鸡蛋3个，盐适量。先将鲜艾叶切碎和鸡蛋液、适量盐一起搅拌混匀，然后锅加热后放入适量调和油，待油温合适时，倒入混合好的蛋液，煎至两面金黄，即可出锅食用。

【思考与实践】到野外去寻找一下艾叶，仔细观察一下它的植物形态，闻一闻它的气味。在端午节时可以动动手，将艾草和菖蒲捆绑一起挂在家门口。

紫苏叶

　　紫苏若在餐桌上出现，定属于一道特殊的美味。紫苏叶有些上表面为绿色，下表面为紫色；有些两面均为紫色。清晨，试着摘下一片紫苏叶，轻轻揉搓一下，一股清香就会扑鼻而来，令人整个早上都会感到非常清爽。紫苏的不同部位均可入药。紫苏叶可以解表散寒，行气和胃，解鱼蟹之毒；紫苏梗是其茎秆，可以理气宽中，具有止痛、安胎的作用；紫苏子是其果实，不仅可以降气化痰、止咳平喘，还具有润肠通便的作用。

　　宋代章甫把紫苏的功能、食用的时节和方法都在他所作的《紫苏》中表达了出来：

　　　　　　吾家大江南，生长惯卑湿。
　　　　　　早衰坐辛勤，寒气得相袭。
　　　　　　每愁春夏交，两脚难行立。
　　　　　　贫穷医药少，未易办芝术。
　　　　　　人言常食饮，蔬茹不可忽。
　　　　　　紫苏品之中，功具神农述。
　　　　　　为汤益广庭，调度宜同橘。
　　　　　　结子最甘香，要待秋霜实。
　　　　　　作腐罂粟然，加点须姜蜜。
　　　　　　由兹颇知殊，每就畦丁乞。
　　　　　　飘流无定居，借屋少容膝。
　　　　　　何当广种艺，岁晚愈吾疾。

紫苏叶（上表面绿色，下表面紫色）　　紫苏叶（两面紫色）

【来　　　源】为唇形科植物紫苏的叶（或带嫩枝）。

【别　　　名】赤苏、臭苏、苏麻等。

【性味与归经】辛，温。归肺、脾经。

【功能与主治】解表散寒，行气和胃。用于风寒感冒，咳嗽，呕恶，妊娠呕吐，解鱼蟹毒。

【注意事项】阴虚、气虚及温病者慎服。

【食　　　疗】紫苏粥，具有健胃解暑的功能。准备鲜紫苏嫩叶5g、大米100g。先将大米煮成粥，然后加入已经清洗干净并切碎的紫苏嫩叶继续煮3分钟，再加入少许冰糖调味，即可食用。

【思考与实践】请到田间地头去寻找一下，看看紫苏叶有什么特征。采摘其嫩叶放入春卷，做一道紫苏春卷尝尝。

第四单元　田间地头常见的中药

蒲公英

蒲公英是公园草地或路边花台中随处可见的一种植物。这不禁让人想到小学语文课本里《蒲公英》中的内容："蒲公英的花瓣落了,花托上长出了洁白的绒球。一阵阵风吹过,那可爱的绒球就变成了几十个小降落伞,在蓝天白云下随风飘荡。"

关于蒲公英还有一个传说。古时候,有一位人家的小姐不知为何得了乳痈,不仅红肿,且疼痛难忍。她羞于求医,一直强忍病痛。后来,她的母亲发现了她的病症,以为她做了不好的事,小姐又羞又气,还无法说清缘由。苦不堪言的小姐来到江边,恰巧江边停有一条小船,船上蒲姓老翁和他的女儿得知小姐是因病想做出错误的决定。老翁在具体了解病情后,指点女儿从山上采来了一种野草,并煮汤给小姐喝,同时老翁女儿将煮药的药渣给小姐外敷。数日后,小姐乳痈痊愈。因只知老翁姓蒲,尊其为蒲公,蒲公的女儿叫英子,为了感谢老翁父女,故小姐给这野草取名"蒲公英",并栽满了自家院子。

蒲公英

【来　　　源】为菊科植物蒲公英、碱地蒲公英或同属数种植物的全草。

【别　　　名】婆婆丁、黄花地丁等。

【性味与归经】苦、甘，寒。归肝、胃经。

【功能与主治】清热解毒，消肿散结，利湿通淋。用于疔疮肿毒，乳痈，瘰疬，目赤，咽痛，肺痈，肠痈，湿热黄疸，热淋涩痛。

【注意事项】脾虚者、体质虚寒者不宜，不宜过量食用。

【食　　　疗】蒲公英煎蛋，具有清热解毒的功能。准备鲜蒲公英50g、鸡蛋2个。先将鲜蒲公英洗净后切碎，再加入鸡蛋液和少许食盐，搅拌均匀，在锅里放入调和油，烧热，倒入混合好的蛋液，煎至两面金黄，即可出锅食用。

【思考与实践】蒲公英大家吃过吗？大家可以在菜市场购买或者到地里采摘一些来品尝，还可以动手画画蒲公英。

薄荷

在田间路边有一种不起眼的小草，常常会遭到路人的踩踏。但是人们惊奇地发现，越是践踏它，它越是释放出清凉迷人的芳香，这气味沁人心脾，让人感觉耳目通透且愉悦，这种小草就是薄荷。薄荷在我国人工栽种的历史已有两千多年，它是药食两用的植物，其茎和叶既能作为调味品、香料，还能解酒，我们平时也可以用其泡茶等。

薄荷

【来　　源】为唇形科植物薄荷的地上部分。

【别　　名】银丹草、夜息香等。

【性味与归经】辛，凉。归肺、肝经。

【功能与主治】疏散风热，清利头目，利咽，透疹，疏肝行气。用于风热感冒，风温初起，头痛，目赤，喉痹，口疮，风疹，麻疹，胸胁胀闷。

【注意事项】体虚多汗者不宜使用。

【食　　　疗】薄荷豆腐，伤风鼻塞、打喷嚏、流鼻涕时可食用。准备豆腐 2 块、鲜薄荷叶 60g、葱 3 根。将薄荷叶和葱洗净切断备用，在锅里加入调和油，烧热，下入已切块的豆腐，煎一会儿后就可以加入清水，煮 5～10 分钟，最后加入薄荷叶和葱、盐等调味品，即可出锅食用。

【思考与实践】请大家到田间地头去找一找薄荷的身影，揉搓一下薄荷叶子，并闻闻它的气味。

鱼腥草

越王勾践,除了我们熟知的"卧薪尝胆"的故事,还有"采蕺食蕺"的故事。《吴越春秋》中记载:"越王嗜蕺,常采于此……"相传,越王勾践被囚禁在吴国,后回到越国,就开始卧薪尝胆,立志要使越国变得强大。但他返国的第一年就碰上了闹饥荒,老百姓无可食之粮。越王便亲自到野外寻找可以食用的野菜,最终寻找到了蕺菜。于是,越国人民就靠着这一种野菜度过了难关。蕺菜就是鱼腥草,在初夏时它会开出洁白的小花。

鱼腥草既可以做主菜,用于凉拌、烫火锅、炖肉等,也可以在很多佳肴里作为重要的调味食材。

鱼腥草

【来　　源】为三白草科植物蕺菜的全草或地上部分。

【别　　名】猪鼻孔、折耳根等。

【性味与归经】辛,微寒。归肺经。

【功能与主治】清热解毒,消痈排脓,利尿通淋。用于肺痈吐脓,痰热喘咳,热痢,热淋,痈肿疮毒。

【注意事项】虚寒证及阴证疮疡忌服。

【食　　疗】鱼腥草炖排骨，具有清热解毒、排脓的功能。准备鱼腥草200g、排骨500g。先将排骨焯水后放入锅中，再把鱼腥草洗净也放入锅中，加清水，炖煮至肉熟，加入适量调味品，即可出锅食用。

【思考与实践】大家不妨到菜市场买来鱼腥草，凉拌作为凉菜，品尝一下其独特的味道。

青蒿

《诗经·鹿鸣》里面描写过这样一幅场景：在空阔的原野上，一群麋鹿正在悠闲地吃着青蒿，不时抬头发出呦呦的鹿鸣，鸣叫声此起彼伏，回荡在山谷，十分动听。这便是"呦呦鹿鸣，食野之蒿"。在古代，青蒿就已经被当作蔬菜食用了。苏轼在诗文《送范德孺》中写道："渐觉东风料峭寒，青蒿黄韭试春盘。遥想庆州千嶂里，暮云衰草雪漫漫。"诗文中就提到青蒿和韭黄做成的菜肴。

诺贝尔生理学或医学奖获得者屠呦呦探寻古代众多医书，从东晋葛洪《肘后备急方》的"青蒿一握，以水二升渍，绞取汁，尽服之"中得到启发，而发现了青蒿素。全球两亿多疟疾患者的生命被挽救，正得益于青蒿素的发现。屠呦呦一份学术报告的标题写道："青蒿素——中医药献给世界的一份礼物"。

青蒿

【来　　源】为菊科植物黄花蒿的地上部分。

【别　　名】蒿、草蒿、黄花蒿、臭蒿等。

【性味与归经】苦、辛，寒。归肝、胆经。

【功能与主治】清虚热，除骨蒸，解暑热，截疟，退黄。用于温邪伤阴，夜热早凉，阴虚发热，骨蒸劳热，暑邪发热，疟疾寒热，湿热黄疸。

【注意事项】脾胃虚寒的慢性胃炎、慢性腹泻者禁服。

【食　　疗】青蒿粥，对外感发热患者能有效退热。准备鲜青蒿10g、粳米50g、冰糖少许。锅内先加粳米和适量水，用大火煮沸，再转为小火慢熬成粥，然后加入洗净切段后的鲜青蒿和少许冰糖，熬3～5分钟，即可出锅食用。

【思考与实践】青蒿大家吃过吗？可以查找资料试着做一下"青蒿炖肘子"这道菜。另外，在菜市场上卖的还有一种"大青蒿"（正名：白苞蒿），它的植物形态又是什么样的呢？

第四单元　田间地头常见的中药

马齿苋

老一辈人都特别喜欢吃在田间地头随处可见的马齿苋,并称其为"长寿菜"。马齿苋叶子为青绿色,梗为赤红色,开的花为黄色,根为白色,结的籽为黑色,包含了五行木、火、土、金、水的颜色,故又称为"五行草"。杜甫在《园官送菜》诗中也描写到了马齿苋:"苦苣刺如针,马齿叶亦繁。青青嘉蔬色,埋没在中园。"

马齿苋也被称为"太阳草"。传说在上古时期,天上有十个太阳,地面的温度很高,江河湖水近乎干涸,植物难以存活,人类难以生存。一位名叫后羿的男人擅于射箭,他想改变恶劣的环境,于是拉弓搭箭,接连射落了九个太阳,最后一个太阳因为藏到马齿苋下面而躲过了一劫。为了报答马齿苋的救命恩情,即使在三伏天,太阳也不会晒死马齿苋。

马齿苋

【来　　源】为马齿苋科植物马齿苋的地上部分。

【别　　名】马齿菜、五行草、长寿草、太阳草等。

【性味与归经】酸、寒。归肝、大肠经。

【功能与主治】清热解毒，凉血止血，止痢。用于热毒血痢，痈肿疔疮，湿疹，丹毒，蛇虫咬伤，便血，痔血，崩漏下血。

【注意事项】脾胃虚寒者慎用；不宜与甲鱼同食，否则易导致消化不良、食物中毒等；孕妇忌用。

【食　　　疗】马齿苋煎蛋，具有清热解毒、凉血的功能。准备鲜马齿苋50g、鸡蛋2个。先将鲜马齿苋清洗干净后切碎，放入盆中，盆中加入2个鸡蛋和少许食盐，并将它们搅拌均匀，再在锅里放入调和油，烧热，倒入混合了马齿苋的蛋液，煎至两面黄色，即可出锅食用。

【思考与实践】在家里试着做一下这道马齿苋煎蛋吧！

桑椹

绵阳市盐亭县嫘祖镇有一座嫘祖陵。嫘祖是黄帝的元妃（正妻），是中华民族的伟大母亲，她"种桑养蚕，抽丝编织"，让我们认识了桑，还学会了养蚕，以及抽丝编绢。桑树全身都是宝，包括桑叶、桑枝、桑白皮、桑椹，还有寄生在桑树上的植物桑寄生。

初夏，正是桑椹成熟的时候，一颗颗紫黑色的桑椹尝起来味甜汁多，嘴也会被染成紫色。宋朝的欧阳修对其也十分喜爱，这表现在他的《再至汝阴三绝》中：

　　　　黄栗留鸣桑椹美，
　　　　紫樱桃熟麦风凉。
　　　　朱轮昔愧无遗爱，
　　　　白首重来似故乡。

另外，明代的杨基也有描写桑椹的佳作《陌上桑》：

　　　　青青陌上桑，叶叶带春雨。
　　　　已有催丝人，咄咄桑下语。

桑椹

【来　　　源】为桑科植物桑的果穗。

【别　　　名】桑果、桑泡儿等。

【性味与归经】甘、酸，寒。归心、肝、肾经。

【功能与主治】滋阴补血，生津润燥。用于肝肾阴虚，眩晕耳鸣，心悸失眠，须发早白，津伤口渴，内热消渴，肠燥便秘。

【注意事项】脾胃虚寒作泄者勿食。

【食　　　疗】芝麻桑椹粥，具有滋阴、清热、降血脂的功能。准备桑椹、黑芝麻、大米各50g。先将桑椹、黑芝麻、大米清洗后一同放入锅中，锅中加入清水煮沸后，再调小火煮成粥，在起锅前加入少许冰糖调味，即可食用。

【思考与实践】你养过蚕吗？有机会的话，请观察一下蚕宝宝一生的变化。

小茴香

　　小茴香是大家熟悉的香料，呈长椭圆形，像小一号的稻谷，又像孜然，表面光滑无毛，呈黄绿色或淡黄色，气味清香，带有一丝甜味。

　　相传，清朝时期，外国商人米哈伊洛夫去到杭州西湖游玩，正当他被秀丽的景致吸引而沉浸其中时，突发疝气，痛得他捧腹大叫，随行的医生束手无策，幸好船夫向他推荐了一位老中医。老中医望闻问切后抓了一把小茴香研成粉，让商人用黄酒送服。过了片刻，商人的疼痛消失了，于是小茴香疗愈疝气的故事传为佳话。

小茴香

【来　　　源】为伞形科植物茴香的成熟果实。
【别　　　名】茴香子、土茴香、野茴香等。
【性味与归经】辛，温。归肝、肾、脾、胃经。
【功能与主治】散寒止痛，理气和胃。用于寒疝腹痛，睾丸偏坠，痛经，少腹冷痛，中焦虚寒气滞，食少吐泻。盐小茴香暖肾散寒止痛。

【注意事项】阴虚火旺者慎用。

【食　　疗】茴香鲫鱼，具有健脾、理气、止痛的功能。准备鲫鱼2条、新鲜茴香5g。先将鲫鱼去鳞片及内脏，处理干净后的鱼身两面都用刀划上网格，用料酒和葱、姜将鱼腌制20分钟。把鱼肚里塞上葱和洗净的新鲜茴香后放盘子里，把盘子放蒸锅上，开火蒸熟鱼肉，最后淋上蒸鱼豉油，撒上葱丝，即可食用。

【思考与实践】在夏初时节，你可以品尝一下茴香拌蚕豆。

第四单元　田间地头常见的中药

白果

　　银杏树是我国特有的植物，被誉为植物界的"活化石"，也是成都市的市树。白果是银杏的成熟种子，在秋季种子成熟时采收，除去肉质外种皮，洗净，即得。

　　青城山是中国四大道教名山之一，享有"青城天下幽"的美誉。青城山美食众多，最著名的要数"青城四绝"。将白果的软糯与鲜美的鸡肉配搭，成就了"青城四绝"之一的"白果炖鸡"。相传，三百年前，青城山有一位高龄道长因肺病日久不愈而日渐消瘦，于是他的弟子们多次采摘道观附近那棵已有近六百年树龄的银杏树上所结的白果与鸡一起炖汤给老道长食用，食用后老道长身体逐渐恢复，并且精气神也越来越好了。

白果

【来　　源】为银杏科植物银杏的成熟种子。

【别　　名】鸭灵眼、鸭脚子、灵眼等。

【性味与归经】甘、苦、涩，平；有毒。归肺、肾经。

【功能与主治】敛肺定喘，止带缩尿。用于痰多喘咳，带下白浊，遗尿，尿频。

【注意事项】有小毒，不可过量。

【食　　　疗】猪肚炖白果，具有固肾气、治遗尿的功能。主治小儿遗尿。准备白果仁15g、猪肚1个。先将猪肚洗净切条，锅里放入调和油清炒肚条后，再加水和白果一起炖煮至软烂，最后加盐调味，即可食用。

【思考与实践】银杏树又叫白果树，在四川，尤其是在成都的大街小巷特别常见。请大家观察一下它的叶子，并查找资料看看银杏叶有什么作用？还可以动动手，将银杏叶制作成书签。

第四单元　田间地头常见的中药

冬瓜子

冬瓜成熟之时，表面会披上一层白霜，和冬日白雪落在上面相似。宋代诗人郑清之的《冬瓜》形象生动地写出了冬瓜的特色：

> 蔓蔓黄花秋后香，
> 霜皮露叶护身长。
> 生来笼统君休笑，
> 腹内能容数百人。

冬瓜

冬瓜子

【来　　源】为葫芦科植物冬瓜的成熟种子。

【别　　名】白瓜子、瓜瓣等。

【性味与归经】甘，微寒。归肺，大肠经。

【功能与主治】利湿排脓，清肺化痰。用于痰热咳嗽，肺痈，肠痈，带下病。

【注意事项】脾胃虚寒者慎服。

【食　　疗】冬瓜子仁粥，具有通利小便、清热除烦的功能。准备冬瓜子 100g、大米 80g。将冬瓜子与大米一起下锅煮熟成粥，即可食用。

【思考与实践】冬瓜作为家庭中的寻常菜，除了冬瓜子有药用价值外，冬瓜皮也是一味中药，请查一查冬瓜皮有什么功效？

丝瓜络

宋代赵梅隐有一首写丝瓜的诗《咏丝瓜》：

黄花褪束绿身长，
白结丝包困晓霜。
虚瘦得来成一捻，
刚偎人面染脂香。

丝瓜是日常生活中经常会吃到的蔬菜，不仅有营养及药用价值，还有其他广泛的用途。老丝瓜晒干去皮去籽就是丝瓜络，被称作"洗碗神器"，用它洗碗干干净净。丝瓜络具有独特的纤维结构，用它洗碗能方便地把油污刮掉，当用水冲洗丝瓜络时又能直接把油冲掉，安全放心环保。

丝瓜　　　　　　　　丝瓜络

【来　　源】为葫芦科植物丝瓜干燥成熟果实的维管束。

【别　　名】萝筋、丝瓜网、瓜络等。

【性味与归经】甘，平。归肺、胃、肝经。

【功能与主治】祛风，通络，活血，下乳。用于痹痛拘挛，胸胁胀痛，乳汁不通，乳痈肿痛。

【食　　　疗】通草丝瓜络虾汤，具有通乳、开胃化痰的功能。准备虾3只，通草6g，丝瓜络10g，葱姜等调味品适量。先将通草、丝瓜络洗净，虾去壳取虾肉，然后将通草和丝瓜络用纱布包裹后与虾肉、姜片一起放入锅里，加水，用中火炖煮至虾肉熟，最后放入葱和调味品，即可食用。

【思考与实践】观察菜市场上不同品种丝瓜络的外观有何不同？

皂角刺

皂角树是我国特有的树种，在四川阆中市的古蜀道上就有一棵栽种于唐代元和年间（公元806—820年）的千年皂角树。宋代杨万里有一首写皂角的诗《皂角林》：

水漾霜风冷客襟，
苔封战骨动人心。
河边独树知何木，
今古相传皂角林。

小时候，就算调皮、贪玩的小朋友也不会往皂角树上爬，因为树上有皂角刺（天丁），坚硬不易折断且尖锐，靠近它难免会被扎。以前的人们经常用工具钩下皂角刺，放在围墙顶当防盗网使用。

皂角刺

【来　　源】为豆科植物皂荚的棘刺。
【别　　名】皂荚刺、皂刺、天丁等。
【性味与归经】辛，温。归肝、胃经。

【功能与主治】消肿托毒，排脓，杀虫。用于痈疽初起或脓成不溃；外用治疥癣麻风。

【注意事项】痈疽已溃者忌用。

【食　　疗】皂角刺炖猪蹄，具有通乳的功能。可用于乳汁不足。准备皂角刺6g、黄芪15g、通草6g、猪蹄2只。将皂角刺、黄芪、通草用纱布包裹，与洗净的猪蹄一起炖煮，炖至猪蹄软糯时加适量调味品，即可食用。

【思考与实践】请大家查阅一下皂角树的果实皂角有什么用途？

第四单元　田间地头常见的中药

第五单元

厨房里常用的中药

2002年，国家卫生部印发了《既是食品又是药品的物品名单》（市场称为"药食同源"名单），意思是说这类中药既可以药用，又可以食用。经过二十多年的不断完善和补充，现在已经有一百余种中药被纳入该名单。人生百味，难离柴米油盐醋；厨房百味，必有辛甘酸苦咸。在我们的一日三餐里，有很多食材都是中药材。例如，我们厨房里面常用的生姜、大枣、山药、薏苡仁、八角茴香、花椒、海带、蜂蜜等，以及很多食材、香料和佐料都是中药材。下面，就让我们一起来认识一下藏在厨房里面的中药吧。

生姜

《本草纲目》记载："姜，辛而不劳，可蔬，可和，可果，可药，其利博矣。""冬吃萝卜夏吃姜，不用医生开药方"这句俗语对于我们来说都耳熟能详。《素问·四气调神大论》有"春夏养阳，秋冬养阴"，指春夏外界阳盛，自然界的万物处于生发生长阶段，人体也应在此时养阳气，方能与外界生长之势相应。而夏天多吃生姜能够起到温胃升阳的作用。

相传，楚汉相争时，汉高祖刘邦行军到河南音山，不幸感染瘟疫，虽有治疗，却一直未痊愈。当地百姓积极献策，推荐食用"生姜萝卜汤"，刘邦食用后病情好转，继续食用一段时间后就完全恢复了健康。

生姜

【来　　源】为姜科植物姜的新鲜根茎。
【别　　名】百辣云、勾装指、因地辛等。
【性味与归经】辛，微温。归肺、脾、胃经。

【功能与主治】解表散寒，温中止呕，化痰止咳，解鱼蟹毒。用于风寒感冒，胃寒呕吐，寒痰咳嗽，鱼蟹中毒。

【注意事项】热盛及阴虚内热者忌服。

【食　　疗】生姜红枣粥，体质虚弱感受风寒后可食用。准备生姜10g、红枣3枚、粳米100g。将生姜切片，红枣掰开去核，粳米淘洗，一起放入锅里，然后加水熬煮成粥，即可食用。

【思考与实践】大家可以查阅资料看看生姜、干姜、炮姜的功能有什么不同？

山柰

也许你不是很熟悉山柰。但你一定听过十三香？它是做卤肉的必备调料。虽然组成十三香的香料有很多种，配方也有很多，但是每个配方中山柰一定是最常见的。

山柰又称"沙姜"，相传，在清朝光绪年间，广东化州及其邻县暴发瘟疫，但居住在化州南盛一带的人们因为吃了山柰而没有受到瘟疫的影响。从此，南盛一带就广泛种植山柰，山柰逐渐成为当地的特产，南盛也拥有了"沙姜之乡"的美誉。

山柰

【来　　源】为姜科植物山柰的根茎。

【别　　名】三赖、山辣、沙姜等。

【性味与归经】辛，温。归胃经。

【功能与主治】行气温中，消食，止痛。用于胸膈胀满，脘腹冷痛，饮食不消。

【注意事项】阴虚血亏、胃有郁火者慎用。

【食　　疗】山柰茶,具有行气消食的功能。可用于感冒食滞,胸腹胀满。准备山柰1g、茶叶3g,开水冲起泡服,或煎煮取汁服。

【思考与实践】用山柰的粉末涂抹牙齿,可治疗牙痛;山柰粉末外敷可治疗皮肤的疮疡肿痛,或者做美白的面膜。

大蒜

蒜苗、蒜薹、大蒜为同一科植物上不同时期的产物，三者中任何一个与猪肉搭配制作成的菜肴，都能让人胃口大开。

蒜自带辛辣，能刺激味蕾。民间有俗语："吃面不吃蒜，香味少一半。"吃蒜，夏天可增强食欲，秋天可增强免疫力，冬天可暖和身体。但是生大蒜食用后有一股气味，让旁人感觉不适。南宋诗人范成大就用《巴蜀人好食生蒜，臭不可近……今来蜀道，又为食蒜者所薰，戏题》记述了对蒜味的体会：

> 旅食谙殊俗，堆盘骇异闻。
> 南餐灰荐蛎，巴馔菜先荤。
> 幸脱荖藤醉，还遭胡蒜熏。
> 丝蓴乡味好，归梦水连云。

诗中"胡蒜"就是大蒜，因为它来自西域，是张骞出使西域带回来的。这里还有一个关于大蒜的谜语，谜面是："弟兄七八个，围着柱子坐，一说要分家，衣服都撕破。"

大蒜

第五单元 厨房里常用的中药

【来　　　源】为百合科植物蒜的鳞茎。

【别　　　名】大蒜头、胡蒜、葫等。

【性味与归经】辛，温。归脾、胃、肺经。

【功能与主治】解毒消肿，杀虫，止痢。用于痈肿疮疡，疥癣，肺痨，顿咳，泄泻，痢疾。

【注意事项】阴虚火旺，肝热目疾，口齿、喉舌诸患均禁服生品，慎服熟品；外用对局部有强烈的刺激性，故不可久敷。

【食　　　疗】大蒜烧肚条，具有健脾胃的功能。准备猪肚1个、胡萝卜1根、青笋1根、大蒜100g。将胡萝卜、青笋去皮后切粗条，大蒜去皮备用；猪肚煮熟后切条；在炒锅里放入调和油并烧热，下大蒜，炒香后放入猪肚条、胡萝卜条、青笋条翻炒片刻，接着加适量水烧开，烧至大蒜和猪肚条软糯后，加入盐、生抽等调味，最后调入芡粉勾芡，即可出锅食用。

【思考与实践】到超市或者菜市场看看，除了分瓣的大蒜，还有一种独个（瓣）的大蒜。大家可以在花盆里种下几瓣大蒜，观察其生长过程。

薤白

薤白,也叫藠头。在四川,喜欢吃泡菜的人家里的泡菜坛里边经常会有它。它吃起来脆脆的。民间流传有俗语,"餐前饭后食藠头,不打郎中门前过"。大文豪和美食家的苏轼在《香橙径》中也提到它:

金橙纵复里人知,不见鲈鱼价自低。
须是松江烟雨里,小船烧薤捣香蘆。

关于薤白还有一个传说。传说一个名叫薤白的人在京城做官,患了胸痹(类似于现代心绞痛、冠心病等),太医望闻问切一番后,对其劝说道:"要治好您的重病,只有辞官静养才行。"薤白听取劝告,来到寺庙静养,每天散散步,做做运动,还与小和尚一同挖一种像葱的野菜食用。大半年过去了,他果然康复了,于是特意去感谢太医。太医见其康复得如此之快,感到特别惊奇,恰好皇帝也得了同样的病,于是两人一同面圣禀报了食用"野菜"之事。皇帝听后也同样食用这种像葱的野菜,也很快康复了。野菜治好了皇帝的病的事很快传开了,后来人们便直接把这野菜叫作薤白。

小根蒜　　　　　　　　藠头

注:小根蒜,四川遂宁地区又叫圆藠、圆藠头。可以用于腌制、炒鸡蛋、炖汤等。

第五单元　厨房里常用的中药

【来　　　源】为百合科植物小根蒜或薤头的鳞茎。

【别　　　名】薤根、藠子、野蒜、小独蒜、野葱等。

【性味与归经】辛、苦，温。归肺、胃、大肠经。

【功能与主治】通阳散结，行气导滞。用于胸痹心痛，脘腹痞满胀痛，泻痢后重。

【注意事项】辛散行气，气虚者慎服；本品为滑利之品，无滞者不宜使用；胃弱纳呆及不耐蒜味者不宜服用。

【食　　　疗】薤白粥，具有通阳散结、行气导滞的功能。可用于胸痹。准备鲜薤白20g、粳米100g。先将鲜薤白、粳米洗净，一起放入锅里，再加入适量水，熬煮成粥，即可食用。

【思考与实践】购买一点已经腌制好的藠头，尝一下，味道怎么样？

大枣

民间常说："一日三颗枣，终身不显老。"这是对大枣养生功能的赞美。杜甫在《百忧集行》中也提道："庭前八月梨枣熟，一日上树能千回。"当梨和枣都成熟时，一日内多次上树采摘，他甚至夸张到一天之内上树采摘多达一千次。

大枣的出现还有个传说。远古先辈们最开始在黄河流域繁衍生息时，冬天不惧严寒，树叶稻草当衣；夏天不怕炎暑，狩猎采食。天上神明看见后很是感动，便随手撒下了仙果种子，长出了带刺的树，然后树枝上结出了红红的果实，黄帝品味后与族人一起食用，并命其名为"红枣"。

关于大枣的诗词很多，如苏轼的《浣溪沙》：

簌簌衣巾落枣花，
村南村北响缲车。
牛衣古柳卖黄瓜。
酒困路长惟欲睡，
日高人渴漫思茶。
敲门试问野人家。

大枣

第五单元 厨房里常用的中药

【来　　源】为鼠李科植物枣的成熟果实。

【别　　名】壶、木蜜、干枣、美枣、良枣等。

【性味与归经】甘，温。归脾、胃、心经。

【功能与主治】补中益气，养血安神。用于脾虚食少，乏力便溏，妇人脏躁。

【注意事项】凡湿盛、痰凝、食滞、虫积及齿病者，慎服或禁服。

【食　　疗】参枣汤，具有补中益气的功能。可用于气短息促、咳声低微。准备人参6g、大枣10枚。将人参和大枣洗净（去核）后一同放入锅中，加水烧开后，继续小火煮15分钟，即可饮用。

【思考与实践】大枣的品种有很多，大家可以到超市里面去看看，它们之间有什么区别？

枸杞子

有许多人常常用枸杞子泡水、泡酒或煲汤，这是因为很早就有"养生用枸杞"的说法，并且还衍生出了一句玩笑："人到中年不得已，保温杯里泡枸杞。"

关于枸杞子还有一个传说，说的是一个书生想求仙升天，于是来到陕西的终南山，他在山中寻找数日都未见到仙人踪迹。一日，他正在山中走着，突然看见一位妙龄女子正在责骂一位白发苍苍的老妇人，并不停地用手中的竹竿追打着老妇人。书生赶紧上前劝阻，并责备那妙龄女子有违尊老孝道。谁知那女子听后，却哈哈大笑道："她是我的小儿媳妇。"书生半信半疑，急忙向老妇人求证，老妇人回答："她确实是我婆婆，现今已经98岁了，我是她小儿媳妇，今年快60岁了。"书生迷惑不解地看着俩人，提出自己的疑问——这年轻女子哪像是婆婆呢？年轻女子答道："我春夏秋冬都以枸杞子为食，感觉越活越精神，头发黑了，脸也光润了。其他几个媳妇也坚持吃枸杞子，皮肤光滑未显老态。唯独这个小儿媳妇不肯食用，我这才要教训她。"书生听罢，连忙记录下来，回家后就开始食用枸杞子，活到了99岁。

枸杞子

第五单元 厨房里常用的中药

【来　　　源】为茄科植物宁夏枸杞的成熟果实。

【别　　　名】苟起子、枸杞红实、甜菜子、狗奶子等。

【性味与归经】甘，平。归肝、肾经。

【功能与主治】滋补肝肾，益精明目。用于虚劳精亏，腰膝酸痛，眩晕耳鸣，遗精滑泄，内热消渴，血虚萎黄，目昏不明。

【注意事项】脾虚便溏者慎服。

【食　　　疗】枸杞子粥，具有滋补肝肾、益精明目的功能。可用于肝肾亏虚所致腰膝酸软、记忆力下降等。准备枸杞子20g、大米100g、少许冰糖，将枸杞子、大米、冰糖一起放入锅里，加水熬煮成粥，即可食用。

【思考与实践】一般超市里面还有一种黑枸杞，大家可以观察一下，它的外观是什么样子的？黑枸杞泡水时水的颜色有何变化？

八角茴香

八角茴香俗称"八角",是广西最具特色的天然香料之一,广西有"世界八角之乡"的美誉,广西防城港市防城区被称为"中国八角肉桂之乡"。八角是烧菜、卤菜里面常用的调料。俗话说:"八角用得好,流感不来找。"由此可见,菜肴里添加八角有增强免疫力和抗流感的作用。

八角还是除异味的高手,可以把八角和白醋一起浸泡一段时间,得到的浸泡液就有强大的除异味功能,如在异味较重的地方喷洒,可以清新空气。在日常生活中,我们可以准备一个小布袋,放入八角和花椒,然后挂在粮食的旁边,有驱虫的功能。

八角茴香

【来　　源】为木兰科植物八角茴香的成熟果实。

【别　　名】舶上茴香、大茴香、八角珠、八角等。

【性味与归经】辛,温。归肝、肾、脾、胃经。

【功能与主治】温阳散寒,理气止痛。用于寒疝腹痛,肾虚腰痛,胃寒呕吐,脘腹冷痛。

【注意事项】阴虚火旺者禁服。

【食　　疗】黄芪八角鱼片，具有温阳散寒的功能。准备鱼肉片500g、黄芪10g、八角5g、红椒1个、螺丝椒3根、料酒和姜葱蒜少许。炒锅中加调和油烧热，将姜、葱、蒜放入炒香，加水，黄芪、八角也一同入锅，待水烧开，加入已用料酒去除腥味的鱼片、切丝的红椒和螺丝椒，待鱼片煮熟，最后加盐调味，即可食用。

【思考与实践】仔细观察八角茴香的外形特征。

黑芝麻

  一句歇后语叫"芝麻开花——节节高"因为芝麻总是由下往上开花，故常用来比喻职场步步高升、生活境况越来越好。"小磨不知梦深处，香名美誉贡王侯"则表达了古人对芝麻的赞美及喜爱之情。

  四川仁寿有一种特产——仁寿芝麻糕，其主要原料就是黑芝麻。仁寿芝麻糕从清朝末期起就作为贡品，有着百年历史和独特风味，还被评为"眉山市非物质文化遗产"。2016年，"仁寿芝麻糕"顺利通过国家工商行政管理总局商标局审核，成功注册为"国家地理标志产品"。

黑芝麻

【来　　源】为脂麻科植物脂麻的成熟种子。
【别　　名】胡麻、巨胜、狗虱、乌麻等。
【性味与归经】甘，平。归肝、肾、大肠经。
【功能与主治】补肝肾，益精血，润肠燥。用于精血亏虚，头晕眼花，耳鸣耳聋，须发早白，病后脱发，肠燥便秘。

【注意事项】脾弱便溏者勿服。

【食　　疗】黑芝麻桑椹粥，具有补肝肾、润五脏的功能。准备炒黑芝麻 50g、桑椹 50g、大米 20g、白糖 12g。先将大米、桑椹进行淘洗，然后与炒黑芝麻一同入锅，加清水 3 碗，煮沸后调小火煮成粥，最后加白糖调味，即可食用。

【思考与实践】还有一种白色的芝麻，大家可以在超市里面找一找，比较两者的区别。

花椒

四川火锅的"麻辣鲜香"全国闻名,辣味来自辣椒,麻味来自花椒。花椒是中国原产最古老的麻辣味调料,在四川和陕西的大山中早已生长。

四川雅安市的汉源县是"中国花椒之乡",《汉源县志》中记录,在唐朝元和年间,此处产的花椒被列为贡品,称"贡椒"。早在两千年前的战国时期,花椒就作为调料使用了。花椒还有药用价值。你曾经是否遇到过"牙痛不是病,痛起来真要人命"的情况呢?又是否有过用牙齿咬住一粒花椒,然后牙痛缓解的经历呢?这都源于花椒有"麻醉"的作用。

《诗经》中记载了一个关于花椒作为信物的故事——"视尔如荍,贻我握椒",描写的是男生和女生一起度过了愉快的舞会之后,女生用一把花椒作为礼物送给男生。

青花椒(青椒)　　　　红花椒(花椒)

【来　　　源】为芸香科植物青椒或花椒的成熟果皮。

【别　　　名】檓、大椒、秦椒、南椒、巴椒等。

【性味与归经】辛，温。归脾、胃、肾经。

【功能与主治】温中止痛，杀虫止痒。用于脘腹冷痛，呕吐泄泻，虫积腹痛；外用治湿疹、阴痒。

【注意事项】阴虚火旺者禁服；孕妇慎服。

【食　　　疗】生姜花椒粥，具有暖胃散寒、温中止痛的功能。准备生姜5片、花椒3g、粳米100g、红糖15g。将生姜切碎和花椒一同用干净的过滤袋包裹，与粳米一同放入锅里，加入红糖，熬煮成粥，即可食用。

【思考与实践】大家可以到超市里面去看看青花椒和红花椒的形态、气味有什么区别。

陈皮

相传，以"先天下之忧而忧，后天下之乐而乐"闻名的范仲淹的母亲体弱多病，却讨厌服汤药。孝顺的范公一筹莫展，四处求医。有一日，一名郎中给范公献计：用糯米作为原料，加入陈皮、党参等中药酿成药酒饮用。范公按此法制成药酒，范母饮用后身体很快得到了康复。因其酿成后用瓮储藏，故命名"陈醅酒"，又因配料中有陈皮，故又称为"陈皮酒"。

陈皮是橘的成熟果皮。我们日常生活中吃了橘子以后，可将橘皮晒干，待到炖肉、煲汤的时候再加入汤中，有健脾燥湿化痰的功效。尤其在广东地区，无论是煲汤、煮茶，还是做甜品、做菜、做肉，都少不了陈皮。广东地区常用的是新会陈皮（注：广东新会地区产的道地药材）。陈皮存放越久，效果越好，价格也越贵。新会陈皮就有"一两陈皮一两金，百年陈皮胜黄金"之说。

陈皮

【来　　源】为芸香科植物橘及其栽培变种的成熟果皮。

【别　　名】橘皮、贵老、黄橘皮、红皮等。

【性味与归经】苦、辛,温。归肺、脾经。

【功能与主治】理气健脾,燥湿化痰。用于脘腹胀满,食少吐泻,咳嗽痰多。

【注意事项】气虚证、阴虚燥咳、吐血及舌赤少津、内有实热者慎服。

【食　　疗】陈皮鲫鱼汤,具有温脾暖胃、健脾行气的功能。准备鲫鱼1条、陈皮5g、葱白几段。先将鲫鱼去内脏后洗净,再用料酒腌制20分钟;炒锅放少量调和油,入鲫鱼把鲫鱼煎黄,然后向锅里加水,同时陈皮、葱白一起放入锅内,炖煮至鱼肉熟透,即可食用。

【思考与实践】大家试着把吃过的橘皮留下,晒干后泡水喝,品尝一下味道如何?

肉桂

　　肉桂作为一种使用频率极高的佐料，香气厚重，烧菜或烧肉时只需少量添加，就能使菜品香气扑鼻，同时还能让人食欲大增。

　　肉桂经丝绸之路传到欧洲后，得到贵族追捧，称其为"东方的黄金"。有文献记载，在中世纪时的欧洲，肉桂还曾被作为金银的替代品，充当货币。

　　肉桂能补火助阳，是治疗命门火衰之要药。简单来讲，当出现肾阳不足时，使用肉桂就像是给我们的肾脏一些"炭火"，且肉桂的作用温和而持久；它还可以"引火归元"，把跑到人体上焦的虚火，引回至它们原来的位置。

肉桂

【来　　源】为樟科植物肉桂的树皮。
【别　　名】牡桂、紫桂、大桂等。
【性味与归经】辛、甘，大热。归肾、脾、心、肝经。

【功能与主治】补火助阳，引火归元，散寒止痛，温通经脉。用于阳痿宫冷，腰膝冷痛，肾虚作喘，虚阳上浮，眩晕目赤，心腹冷痛，虚寒吐泻，寒疝腹痛，痛经，经闭。

【注意事项】阴虚火旺者忌服，有出血倾向者慎用；孕妇慎用；不宜与赤石脂同用。

【食　　疗】肉桂煲羊肉，具有温肾散寒的功能。可用于寒证。准备羊肉500g、肉桂5g，姜、葱、蒜等调味品适量。先将羊肉清洗并切片，在锅里加入调和油烧热，再倒入羊肉大火翻炒3分钟左右，接着向锅里加水和肉桂、姜、葱、蒜，待羊肉炖熟后加盐等调味，即可食用。

【思考与实践】大家可以到超市去买点肉桂，看看肉桂的形态，用手摸摸，用鼻子闻闻。

芫荽

四川菜肴里常常将芫荽（俗称"香菜"）作为配料使用，应该每个人都吃过。很多人以为芫荽是我国原产的，其实不然，芫荽原产地在地中海沿岸一带，后传入西亚地区。据西晋张华著《博物志》记载："张骞使西域，还得安石榴、胡桃、蒲桃、胡葱、苜蓿、胡荽……"可见在西汉张骞出使西域之前，我们的餐桌上是没有芫荽的。

据传，芫荽最初不叫"芫荽"，而叫"胡荽"。在十六国时期，由于避讳，不准说"胡"字，故其最初改名"香佩兰"，后来按照波斯语音译过来，才叫芫荽。

芫荽

【来　　源】为伞形科植物芫荽的全草。
【别　　名】胡荽、香菜、香荽等。
【性味与归经】辛，温。归肺、胃经。
【功能与主治】宽中健胃，透疹。用于胸脘胀闷，消化不良，麻疹不透。

第五单元　厨房里常用的中药

145

【食　　疗】芫荽炒豆皮，具有宽中健胃、透疹的功能。可用于感冒、饮食积滞。准备芫荽3棵、豆皮3张、豆瓣酱少许。先将豆皮洗净后切细丝，芫荽洗净后切小段，然后起锅烧油，炒制豆瓣酱片刻后，下豆皮和芫荽翻炒，最后调味起锅，即可食用。

【思考与实践】我们炖牛肉或者凉拌牛肉时，常常会用到芫荽，火锅里面也可以把芫荽涮着吃。请大家查一下，芫荽还可以怎么吃？

海带

　　海带是餐桌上常见的菜品，可以做各种美食，如凉拌海带丝、海带炖鸭等。海带含丰富的纤维素和多种维生素，还含有很高的矿物质，素有"长寿菜""含碘之王"的美誉。营养价值很高的海带，属于低脂肪、高蛋白，低碳水化合物的植物，是吃后能抵抗饥饿又不发胖的食物。

　　海带又称昆布，清代姚燮写了一首关于海带的诗《喇叭嘴》：

> 俯吸落日气，仰吐初月华。
> 容腹未及斛，作意偏嵖岈。
> 林阴石垂掌，与云相攫拿。
> 揉之极纷碎，散如杨柳花。
> 蛎房布空洞，潟下多潜蛇。
> 昆布春不生，搏浪惟有沙。
> 投身生大怖，坦履亦槎枒。
> 谁云千丈潭，自灿光明霞。

海带

【来　　　源】为海带科植物海带或翅藻科植物昆布的叶状体。

【别　　　名】海带菜、纶布、江白菜等。

【性味与归经】咸，寒。归肝、胃、肾经。

【功能与主治】消痰软坚散结，利水消肿。用于瘿瘤，瘰疬，睾丸肿痛，痰饮水肿。

【注意事项】脾胃虚寒者慎服。

【食　　　疗】海带绿豆粥，具有清热解毒、退火气的功能。准备大米60g、绿豆15g、海带丝15g，加清水，小火熬成粥，即可食用。

【思考与实践】海带结、海带苗我们在日常生活中经常会吃，大家可以查查看，它们有哪些区别。

银耳

银耳又称白木耳，它是一种木腐真菌。秋天气候干燥，食用银耳是一个不错的选择。银耳主要含银耳多糖，能够起到补水、锁水、调节免疫力的作用。

巴中市通江县素有"中国银耳之乡"的美誉，这里产的"通江银耳"非常有名。通江银耳起于汉代，兴盛于唐宋，贵及明清，特别是在清代成为宫廷贡品和达官贵人的奢侈品。通江银耳在2004年入选了"国家地理标志产品"。

银耳

【来　　源】为银耳科真菌银耳的子实体。
【别　　名】白木耳、白耳、银耳子、雪耳、桑鹅、五鼎芝等。
【性味与归经】甘，平。归肺、胃、肾经。
【功能与主治】滋阴润肺，养胃生津。用于肺虚咳嗽，阴虚低热，津少口渴。

【注意事项】变质生霉不可食用。

【食　　疗】银耳羹,具有滋阴润肺的功能。可用于肺虚燥咳。准备银耳6g、大枣3枚、枸杞子数颗、冰糖适量。先用温水泡发银耳,然后将银耳清洗后入锅加水,加热烧开后调小火,再放入大枣、枸杞子,然后继续加热炖成黏稠状,最后加适量冰糖搅匀,即可食用。

【思考与实践】巴中市通江县的银耳非常出名,大家可以去超市购买,尝试在家做一碗银耳汤尝尝。

蜂蜜

蜂蜜是大自然馈赠的天然食品，且食药两用。喝蜂蜜水一直以来都备受大众推崇，因为蜂蜜所含的营养物质非常丰富，目前在蜂蜜中已经鉴定出了180多种成分。

人们经常用到"生活美满甜如蜜""甜蜜蜜""生活在蜜罐中"等祝福语，表达对美好幸福生活的祝愿。这是借用了蜂蜜的味道来表达，可见蜜是美好生活的象征。蜂蜜的味道和蔗糖不同，因为蜂蜜中含的高浓度糖主要是葡萄糖和果糖。

在宋代杨万里的《蜂儿诗》中，还体现了蜂蜜的另一个特色，就是甜中带有花香：

蜂儿不食人间仓，玉露为酒花为粮。
作蜜不忙采蜜忙，蜜成又带百花香。

蜂蜜

【来　　源】为蜜蜂科动物中华蜜蜂或意大利蜜蜂所酿的蜜糖。

【别　　名】食蜜、蜜、白蜜等。

【性味与归经】甘，平。归肺、脾、大肠经。

【功能与主治】补中，润燥，止痛，解毒；外用生肌敛疮。用于脘腹虚痛，肺燥干咳，肠燥便秘，解乌头类药毒；外用治疮疡不敛，水火烫伤。

【注意事项】湿热痰滞、胸闷不宽及便溏或泄泻者慎用。

【食　　疗】蜂蜜柠檬水，具有补中润燥、止痛解毒的功能。准备蜂蜜20毫升、柠檬1个。将柠檬外皮清洗后切片，投入杯中，杯中倒入蜂蜜，再加入200毫升左右温开水（注：高温会破坏蜂蜜中的营养物质，同时也会令柠檬发苦），搅拌均匀，即可饮用。

【思考与实践】大家看看超市里卖的蜂蜜都来自哪些花？

第六单元

四季养生与节气药膳

  中医养生是中国人的生活方式之一。《黄帝内经》在讲人怎么长寿时，指出"智者之养生，也必顺四时而适寒暑"，即顺从春夏秋冬四季阴阳消长的规律，顺应一年寒热温凉的气候变化，人体才能保持健康，人才能够长寿。四季养生与节气药膳养生作为中医养生一个重要的组成部分，是根据不同季节的气候特点和人体生理病理特点，选用不同的药食同源中药和应季食材制作出膳食，以顺应"天人合一"，达到扶正祛邪、益寿延年的目的。

  中华饮食文化博大精深、源远流长，享誉全球。《素问·脏气法时论》有："五谷为养，五果为助，五畜为益，五菜为充，气味合而服之，以补精益气。"即我们可以利用食物来促进身体健康，防病治病。又如药王孙思邈在《备急千金要方》中所言："食能排邪而安脏腑，悦神爽志，以资血气。若能用食平疴，释情遣疾者，可谓良工。长年饵老之奇法，极养生之术也。"这是说高明的医生能用食物治愈疾病，解人忧愁，调摄饮食是防病治病、益寿延年的上策，是高水平的养生之术。在本单元，就让我们一起了解四季养生和节气药膳吧！

春季养生与节气药膳

一、春季养生

（一）春季气候特点及对人体的影响

《黄帝内经》曰："风者，百病之始也。"春季气候以"风"为主令，在早春，主要是风寒邪气致病；在晚春，则是风温邪气致病。

风邪，既可单独作为致病因素，也常常与其他邪气兼夹为病。风邪的特点：一是风邪袭人，最易伤人的上部，如感冒中常见头痛、鼻塞、流涕、咽喉不适等症状。二是风邪善行数变，变化不定，上下窜扰，病变范围较广，在表可留于皮毛或肌肉腠理之间，或游走于经脉之中；逆于上，可直达巅顶；犯于下，可侵及腰膝胫腓等。三是"风胜则动"，症状以"动"为特点，常见肢体运动异常，如抽搐、痉挛、颤抖、蠕动，甚至角弓反张、颈项强直等症状。四是兼杂为病，即风邪常常与其他邪气合并侵袭人体。如在长夏，风邪常常与湿邪一起侵袭脾土，引起消化不良、腹胀、腹泻等状；若与热合则为风热，与寒合则为风寒，或风、寒、湿三气杂至而侵袭人体，引起风热感冒、风寒感冒、风湿痹痛等。此外，风邪还能与体内之病理产物，如痰相结合而成风痰，引发疾病。

（二）春季养生的特点

（1）中医讲"阳者，卫外而为固也"，即阳气对人体起着护卫作用，使人体体表密实，免受自然界六淫邪气的侵袭。春季，在饮食方面，一方面，依据《黄帝内经》里的"春夏养阳"的原则，宜选用温补阳气的食物，使人体阳气充足，增强自身免疫力，抗御以风邪为主的邪气侵袭。另一方面，因肾阳为人体阳气之根，故在饮食上养阳时，还要注意温养肾阳，"夏有真寒，冬有真火"即为此义，葱、蒜、韭等都是养阳的佳品。

（2）宜多食甘、少食酸。孙思邈说："春日宜省酸，增甘，以养脾气。"意思是春天来临时，人们要少吃酸的食物，多吃些甘（甜味）的食物，因为甘能补益人体的脾胃之气，脾胃是后天之本，人体气血化生之源，脾胃之气健旺，人就能益寿延年。春为肝气当令，肝属木，脾属土。根据五行相生相克理论，木克土，即肝木旺可伤及脾土，影响脾的正常消化吸收功能。又因酸味入肝，甘味入脾，若多吃酸味食物，能加强肝的功能，使本来偏亢的肝气更旺，而伤害脾胃之气。因此，春季要少吃酸味的食物，以防肝气过盛；而甜味的食物入脾，能补益脾气，故可适当多吃。

（3）多食蔬菜。过去，人在经过冬季之后，多数会出现各种维生素、微量元素摄取不足的情况，从而春季常见口腔炎、口角炎、舌炎、夜盲症和某些皮肤病等。这多是因为新鲜蔬菜吃少了造成的。因此，春季要多吃新鲜蔬菜，如芥菜、莴笋、芹菜、油菜等。

（4）忌食生冷黏滞之物。生冷黏滞油腻之物最易伤害脾胃，春季菜肴应以辛温清淡为主，中、晚餐以"一荤三素"为宜，汤宜清淡。其中，荤菜应以补益为主，如猪瘦肉、牛肉、鸽肉、鱼肉均可，并交替食用，量宜适中，过则为患。

（5）春不食肝。医圣张仲景说"春不食肝"，是因为春季人体肝气比较旺盛，不宜多吃补肝的食物，防止肝气太旺而伤脾胃之气。

（6）因地制宜。我国春季南北气候温差较大，对人体的影响亦不同，春季进补应因地而论。初春，北方寒气未退，宜用温补，但随着气候转暖，阳气渐升，温补不宜太过，可选用桂圆等温平之品；南方春季低温与暖湿天气常常交替，而阴雨天气湿气太盛则脾易受困，可选用健脾的豆浆、鲫鱼等食物，待温暖之日，再食用凉性的食物。

二、节气药膳

春季，指我国农历的一、二、三月，包括立春、雨水、惊蛰、春分、清明、谷雨6个节气。

（一）立春药膳

立春，为二十四节气之首，又名正月节、岁节、改岁、岁旦等，标志着春季的开始。每年公历的2月4日至5日，太阳到达黄道315°时即为立春。

立春后，天气逐渐变暖，万物复苏，此时人体内的阳气也随着春季的到来而向上向外升发。因此，在精神、起居、饮食、运动等方面，都要顺应春阳升发的特点，要注意照护好阳气。"春夏养阳"，即应早睡早起，以适应春季阳气初升的特点。同时，立春时节人体肝气升发，饮食宜选用辛、甘、微温之品。故推荐药膳：三七首乌刺参肚。

药膳：三七首乌刺参肚。

用料：制何首乌50g、三七5g、刺参250g、猪肚1个、绿竹笋150g、香菇3个，以及姜、白糖、酱油、盐、胡椒粉等适量。

做法：香菇洗净，切片备用；制何首乌、三七清水洗净后放入锅内，加水至锅2/3容量，大火煮开后，改用小火煮至锅内水剩1/4容量时，去掉药渣，药汤备用；猪肚洗净，加入开水中煮至松软能用筷子穿透时，捞出、放冷，切成0.6～1cm宽的长条，备用；刺参洗净，去掉内脏，放入开水中煮沸2～4分钟后捞出、洗净，切滚刀块，备用；绿竹笋加入开水中煮熟，捞出放冷，切滚刀块，备用；锅里加入适量调和油，烧热后加入姜，炒香后分别加入香菇片、肚条、刺参、绿竹笋翻炒，再加入药汤，烧沸后加入调料，勾芡，出锅。

功能：补血活血，益肾养肝，降血脂。

（二）雨水药膳

雨水，是二十四节气中的第二个节气。雨水提示降雨开始，降雨以小雨或毛毛细雨为主，是农耕文化对于节令的反映。每年公历2月18日至20日，太阳到达黄道330°时即为雨水。

雨水后，春风送暖，致病的细菌、病毒易随风传播，常易暴发流行性感冒。饮食应注意调养脾胃和祛风除湿。为避免春季肝旺而脾弱，饮食上宜少酸多甘，可多食大枣、荸荠、甘蔗、茼蒿、山药等，内以养护脾气，外以清利湿邪，达到保健防病的效果。

雨水时节药膳宜调养脾胃和祛风除湿。故推荐药膳：山药薏苡仁炸鸡翅。

药膳： 山药薏苡仁炸鸡翅。

用料： 山药30g、薏苡仁60g、鸡翅300g、鸡蛋1个，以及酱油、黄酒、姜、红薯芡粉、葱、小茴香、八角茴香、盐、胡椒粉、菜籽油等适量。

做法： 山药与薏苡仁研成细末；鸡翅洗净，焯去血水；姜切片，葱切段；将山药粉、薏苡仁粉、红薯芡粉放入碗中，加入鸡蛋清、酱油、黄酒、姜、葱、盐、胡椒粉、水少量，调成糊状，将鸡翅放入挂糊；将炒锅放大火上烧热，加入菜籽油，待油烧至六成热时，下入鸡翅炸成金黄色，将多余菜籽油倒出，锅内留油50毫升左右，再置大火上烧热，锅中加入适量菜籽油、姜、葱、小茴香、八角茴香炒出香味，随即下炸好的鸡翅，烧熟，调味即可。

功能： 健脾止泻，利水渗湿，固肾益精。

注意： 不宜与鲤鱼同食；孕妇慎用；湿盛中满或有实邪、积滞者忌食。

（三）惊蛰药膳

惊蛰，是二十四节气中的第三个节气。惊蛰，阳气上升，气温回暖，春雷乍动，雨水增多，万物生机盎然。每年公历3月5至6日，太阳到达黄经345°即为惊蛰。

惊蛰后，气温变暖，饮食应清淡，可多食用新鲜蔬菜及蛋白质含量丰富的食物，如春笋、菠菜、芹菜、鸡蛋、牛奶等。同时，此时气候干燥，容易使人口干舌燥、外感咳嗽。梨性寒凉、味甘，有润肺止咳、滋阴清热的功能，民间素有"惊蛰吃梨"的说法。

惊蛰时节药膳宜养肝护肝。故推荐药膳：枸杞木耳肉丝。

药膳： 枸杞木耳肉丝。

原料： 黑木耳 30g、枸杞子 20g、黄瓜 30g、莴苣 50g、猪瘦肉 250g、芡粉 25g、红椒 20g，以及葱、盐、菜籽油、姜、黄酒等适量。

做法： 将枸杞子去果柄和杂质，洗净；黑木耳用温水发透，切成丝状；莴苣去皮切丝；红椒洗净，去籽，切细丝；黄瓜切圆片，姜切片，葱切段，芡粉用水搅匀；猪瘦肉洗净，切肉丝，用水、芡粉拌匀。将炒锅放大火上烧热，加入菜籽油，待油烧至六成热时，放入姜、葱炒香，然后放入猪瘦肉丝、黄酒，炒变色，放入黑木耳丝、莴苣丝、红椒丝、盐适量，炒熟，加入枸杞子、再炒片刻，装入盘内。黄瓜片摆在盘的周围。

功能： 养肝，护肝，明目。

注意： 服用维生素类或四环素类、红霉素、甲硝唑、西咪替丁时不宜食用黑木耳；不宜与黄豆、羊肝同食。

（四）春分药膳

春分，是二十四节气中的第四个节气。每年公历 3 月 19 日至 22 日，太阳到达黄经达 0°时即为春分。

春分饮食宜"调其阴阳，不足则补，有余则泻"。即调和阴阳，补泻兼施。故推荐药膳：人参茯苓炖鸡。

药膳： 人参茯苓炖鸡。

用料： 小母鸡 1 只、生晒参 1～2 根、茯苓丁 60g，以及姜、盐、黄酒等适量。

做法： 将小母鸡宰杀，去掉毛及内脏，洗净；生晒参和茯苓丁清水洗净后，与小母鸡同放在炖锅内，加入姜、黄酒和清水适量，用小火慢炖约三小时，直至汤浓肉熟烂，加盐调味即可。

功能： 补脾益肺，生津养血，宁心安神。

注意： 不与萝卜、绿豆、螃蟹、藜芦同服；服用时忌食葡萄、茶水、葡萄酒、海带等。

（五）清明药膳

清明，是二十四节气中的第五个节气。清明节因为节令期间"气清景明，万物皆显"而得名。每年公历4月4日至6日，太阳到达黄道15°时即为清明。

清明时节，春令之气升发舒畅，应避免耗伤阳气及阻碍阳气等相关事宜。饮食方面，宜清补之品，多食甘少食酸，温润阳气，益气和中。脾胃虚弱者少食寒性食物，以防中寒内阻，导致脾胃不适。

清明时节药膳宜温润阳气、益气和中。故推荐药膳：芪枣蒸鸡。

药膳： 芪枣蒸鸡。

用料： 炙黄芪100g、大枣30g、小母鸡1只，以及黄酒、盐、胡椒粉、葱、姜等适量。

做法： 鸡去掉毛及内脏，洗净；大枣去除果核后，果肉与炙黄芪一同放在鸡腹内，放入盆中，加姜、葱、食盐、黄酒、胡椒粉、清水，放入蒸笼内蒸2小时，去掉药渣，食鸡肉。食用时根据口味做蘸碟。

功能： 补气生血，益气和中。

注意： 表实邪盛、内有积滞、阴虚阳亢、溃疡初起或溃后热毒尚盛者忌食。

（六）谷雨药膳

谷雨，是二十四节气中的第六个节气，也是春季的最后一个节气。谷雨取自"雨生百谷"之意，春雨绵绵是谷雨最重要的特点。每年公历4月19日至21日，太阳到达黄道30°时即为谷雨。

《黄帝内经》曰："脾者土也，治中央，常以四时长四藏，各十八日寄治。"即四季季末的十八日均由脾所主，谷雨节是春季的最后一个节气，除养肝护肝外，还应注意健运脾胃。因谷雨后，春季将结束，夏季将来临，可根据个人体质，适当多吃健脾胃、祛湿的食物，如香椿、黑豆、薏苡仁、山药、鲫鱼等，为入夏打下基础。

谷雨时节药膳宜健脾胃、祛水湿。故推荐药膳：阳春新会肘子。

药膳： 阳春新会肘子。

用料： 阳春砂仁 50g、新会陈皮 15g、猪肘子 1 个，以及葱、姜、食盐、黄酒、花椒、香油等适量。

做法： 肘子刮洗干净，沥去水；用竹签将皮满扎成小眼，花椒、食盐放入锅内炒烫，倒出稍凉，趁热抹在肘子上，后放于陶瓷容器内腌制 24 小时。阳春砂仁和新会陈皮捣碎，葱切段；将腌好的肘子再刮洗一遍，沥去水分，在肉的内面撒上砂仁陈皮细末，用净布包卷成筒状，再用绳捆紧。将捆紧的肘子盛入锅内，放上姜、葱、黄酒，大火上蒸 1.5 小时，取出待凉，解去绳布，抹上香油即可。

功能： 健脾醒胃，燥湿和中。

注意： 阴虚血燥，火热炽盛者慎用。

夏季养生与节气药膳

一、夏季养生

（一）夏季气候特点及对人体的影响

《黄帝内经》曰："夏三月，此谓蕃秀。""蕃秀"指植物繁茂秀美的意思，即夏季，气候炎热，万物茂盛。在我国南方，除了气候从温转热之外，夏季经常下雨，时而细雨绵绵，时而狂风暴雨，天地之气相交，闷热蒸腾，所以易让人有热不可耐、烦躁不安的感觉。

暑、湿二气为夏季主令，且常夹火热之气。暑为阳邪，性炎热外散，易伤津耗气，伤人极速。暑热之邪最易伤人元气，耗伤津液，病之初起多为暑犯肺卫和暑入阳明胃经。夏令雨水较多，或因天暑下逼，地湿上蒸，湿热之邪易于相伴为病，故暑常挟湿。又因暑热亢盛，一旦贪凉饮冷，或乘凉太过，暑热之邪易为湿所遏，故有暑兼寒湿者。湿为阴邪，湿性重浊、黏腻、停滞，易阻遏气机，损伤阳气。湿邪常与其他病邪相混合致病，且有外湿、内湿之分。外湿多由于气候潮湿、涉水淋雨、居处潮湿等所致；内湿多由于脾失健运、水湿停聚而生。

（二）夏季养生的特点

（1）夏季主阳，是阳升之极。阳气盛，气温高，充于外表——人体阳气运行畅达于外，气血趋向于体表。人体的阳气"一日而主外，平旦人气生，日中而阳气隆，日西而阳气已虚，气门及闭"。人体阳气的盛衰是随着昼夜阴阳盛衰消长的变化而呈节律性变化，为药膳养生和调配提供了理论依据。

（2）夏季食养宜清热利湿。一是在炎热的环境中，体温调节、水盐代谢及循环、消化、神经、内分泌和泌尿系统都发生了变化；二是炎热导致大量的出汗，营养物质会从汗液中流失，容易引起食欲减低和消化

吸收不良。夏季常食的清热食物有西瓜、苦瓜、草莓、西红柿、绿豆、黄瓜等，并巧用大蒜、姜、醋等调味品以增强食欲；利湿的食物，如冬瓜、南瓜、苦菜、姜、莲藕、莲子、薏苡仁、山药等。

（3）《饮膳正要》说："夏气热，宜食菽以寒之，不可一于热也。禁饮食汤，禁食过饱……"菽指豆类，提示夏天天气炎热，要少吃热性的食物，如羊肉等。夏季养生重养心调神，心属火，夏亦属火。盛夏季节，心气火旺，故需要重视养心。

（4）早晚宜食粥。夏季早、晚餐时喝点粥，既能生津止渴、清凉解暑，又易消化，能补养身体。例如，赤小豆粥有补肾、利水、消肿而治脚气的功能，肾功能不足的人可多食用；蚕豆粥能辅助治疗水肿；荷叶粥能解暑热、清胃润肠、止渴解毒；莲子粥能健脾和胃、益气强志，对腹泻、失眠、遗精、白带多等均有一定的功效；百合粥能润肺止咳、养心安神，最适合肺燥的人食用；冬瓜粥有利水消肿、止渴生津的功能，能辅助降低血压；银耳粥有生津润肺、滋阴养肺的功能；黄芪粥则可治虚证所致的水肿、气虚乏力等；豆浆粥和皮蛋淡菜粥可用于血管硬化、高血压和冠心病的养生。

（5）饮食忌贪生冷。夏季炎热，腠理开泄，汗出较多，人时常感到口渴，想喝冷饮，帮助体内散发热量，补充体内水分、盐类、维生素等，起到清热解暑的作用。但是，夏季由于人体阳气在外，阴气内伏，应忌贪凉而暴食冷饮。若过量，常易引起胃部不适，出现腹痛、腹泻等。此外，大汗之后不要过量饮用冷饮，因其不仅不能尽快地补充和调节体内盐类、水分的丢失，反而冲淡了胃液，降低胃液的杀菌力，易引起胃炎、肠炎、痢疾等疾病。

（6）冬病夏治愈顽疾。"冬病夏治"之法源自《黄帝内经·素问·四气调神大论》。根据阴阳消长变化，人体阳气在春夏多生发而旺盛，在秋冬多收敛而衰弱，所以阳虚者四季均不足，但受夏季阳气旺盛的影响，虚阳也有欲动而趋于好转之势，体内寒凝之气也有调解的可能。"冬病夏治"就是乘其势而治之，以收事半功倍之效。

二、夏季节气药膳

夏季，指我国农历的四、五、六月，包括了立夏、小满、芒种、夏至、小暑、大暑等6个节气。

（一）立夏药膳

立夏，是二十四节气中的第七个节气，标志着夏季的开始，万物至此皆长大，故名立夏。每年公历5月5日至7日，太阳到达黄经45°时即为立夏。

立夏后，温度逐渐攀升，人或多或少会出现烦躁、食欲下降，所以饮食宜清淡，应以易消化、富含维生素的食物为主，大鱼大肉和油腻辛辣的食物要少吃。

立夏后，饮食当以"春夏养阳"为原则，养阳重在养心，养心可多喝牛奶、多吃豆制品、鸡肉、瘦肉等，既能补充营养，又起到强健心脏的作用。平时多吃蔬菜、水果及粗粮，也能增加纤维素、维生素B和维生素C的供给，预防动脉粥样硬化。

立夏之季要养心，为安度酷暑做准备，使身体各脏腑功能正常，以达到"正气存内，邪不可干"的境界。

立夏时节药膳宜补阳养心。故推荐药膳：豆腐耙泥鳅。

药膳：豆腐耙泥鳅。

用料：泥鳅250g、豆腐500g，以及黄酒、盐、葱、姜、猪油等适量。

做法：将活泥鳅宰杀洗净，加入黄酒、姜、葱等佐料拌匀备用；豆腐切成适宜方形块；锅置火上，放入豆腐、黄酒、盐、葱、姜、猪油，待炒出香气后，将泥鳅放入，加水适量，炖至泥鳅肉熟即可。

功能：利湿消肿，清热解毒，补中益气。

注意：痛风者慎用。

（二）小满药膳

小满，二十四节气中的第八个节气，也是夏季的第二个节气。每年公历5月20日至22日，太阳到达黄经60°时即为小满。

小满后天气炎热，汗出较多，雨水也较多。饮食调养宜以清爽清淡的饮食为主，可常吃清利湿热、养阴的食物，如赤小豆、薏苡仁、绿豆、冬瓜、黄瓜、黄花菜、荸荠、黑木耳、胡萝卜、西红柿、西瓜、山药、鲫鱼、草鱼、鸭肉等。忌膏粱厚味、甘肥滋腻、生湿助湿的食物，如动物脂肪、海腥鱼类、酸涩辛辣、属温热助火之品及油煎熏烤之物，如葱、蒜、姜、芥末、胡椒、辣椒、八角茴香、桂皮、韭菜，以及虾、蟹等；另外，牛、羊、狗、鹅等肉类也要少吃。

小满时节药膳宜清利湿热、养阴。故推荐药膳：西瓜鸭。

药膳： 西瓜鸭。

用料： 鸭1只（重约1500g）、西瓜1个，以及姜、葱、黄酒、盐、白糖、胡椒粉等适量。

做法： 将鸭宰杀后去净毛，剖腹去掉内脏，洗净后剁去脚爪不用，剔去大骨切成块，加姜、葱、黄酒适量腌制30分钟后，放入沸水锅内焯透，捞出鸭肉备用；在西瓜蒂处开口如茶杯大小，用汤匙挖去瓜瓤，将鸭块放入西瓜内，再放入姜、葱、黄酒、盐、白糖、胡椒粉，加水浸没鸭块，把切下的瓜蒂盖盖在西瓜开口处，用竹签插住封好；取瓷盆1个，将西瓜鸭放入瓷盆中，放入蒸笼内用大火蒸至鸭肉酥烂后取出。

功能： 滋阴生津，清热利湿。

（三）芒种药膳

芒种，是二十四节气中的第九个节气，也是夏季的第三个节气。每年公历6月5日至7日，太阳到达黄经75°时即为芒种。

至芒种后，昼长夜短，要晚睡早起，为了保证充足的睡眠，中午可小憩一会儿，以缓解疲劳。同时，也需要根据天气变化注意增减衣物。

俗话说："未食端午粽，破裘不可送。"芒种时节，气温还会有变冷的时候，因此还要注意保暖，以免受凉。芒种期间，降雨量大，高温潮湿，饮食宜以清淡为主。

芒种时节药膳宜去暑补精、清热祛湿。故推荐药膳：柠檬乳鸽汤。

药膳： 柠檬乳鸽汤。

用料： 乳鸽2只、鲜柠檬1个、黄酒、白糖、酱油等适量，高汤750毫升，菜籽油500毫升。

做法： 乳鸽去尽毛及内脏，洗净，鸽身、腹腔内外用黄酒和酱油抹匀，腌制30分钟后，放入沸油锅中炸约3分钟，捞起；柠檬去皮、核，切成薄片备用。热锅，加入高汤烧开，放入乳鸽、柠檬片、白糖、酱油、黄酒烧开，去尽浮沫，再改用小火炖至鸽肉熟烂即可。

功能： 祛暑补精，生津止渴。

（四）夏至药膳

夏至，是二十四节气中的第十个节气，也是夏季的第四个节气。夏至这天，太阳直射地面的位置到达一年的最北端，夏至是太阳北行的转折点。每年公历6月21日至22日，太阳到达黄经90°时即为夏至。

夏至饮食宜清淡，建议食用苹果、葡萄、木瓜、枇杷这类性平的水果；因苦味食物有除燥祛湿、清凉解暑、促进食欲等作用，可多食用苦菜类，如苦瓜等。

夏至时节药膳宜除燥祛湿、清凉解暑。故推荐药膳：苦瓜肉丝汤。

药膳： 苦瓜肉丝汤。

用料： 苦瓜200g、猪瘦肉200g、黄酒、盐、葱、猪油等适量。

做法： 将苦瓜剖开，去尽肉瓤，切条，用适量盐腌制5分钟，清水洗净，去盐，放沸水锅中焯一下，捞出沥尽水，备用；猪肉洗净，切丝备用；锅置火上，烧热放入猪油、葱煸香，再加入肉丝翻炒，随后加入黄酒、清水适量，烧开至肉熟，最后放入苦瓜条，煮熟，调味，即可。

功能： 除燥祛湿，清凉解暑。

（五）小暑药膳

小暑，是二十四节气中的第十一个节气，也是夏季的第五个节气。每年公历 7 月 6 日至 8 日，太阳到达黄经 105°时即为小暑。

小暑炎热，人体消耗大，所谓"无病三分虚"，常出现精神疲惫、口苦、苔腻、胸腹胀闷等，因此小暑时节宜解热防暑，补益身体。故推荐药膳：酸菜鲫鱼。

药膳：酸菜鲫鱼。

用料：鲫鱼 3 条、酸菜 100g、苦笋 100g，猪油、姜、葱、胡椒粉、黄酒、盐等适量。

做法：将鲫鱼去内脏，洗净，加入姜、葱、黄酒适量腌制 30 分钟；酸菜、苦笋切成薄片备用。猪油放入锅内烧至五成热，投入姜、葱略煸炒，放入清水烧开，放入鲫鱼，煮开后捞出姜、葱，并去尽汤上浮沫，加入酸菜片、苦笋片、胡椒粉、黄酒、盐，烧开，继续再煮约 5 分钟，适当调味，起锅即可。

功能：解热防暑，补益身体。

（六）大暑药膳

大暑，是二十四节气中的第十二个节气，也是夏季的最后一个节气。"暑"是炎热的意思，大暑，指炎热之极，是一年中阳光最猛烈、最炎热的时节，"湿热交蒸"在大暑最强。每年公历 7 月 22 日至 24 日，太阳到达黄经 120°时即为大暑。

大暑时节，肠胃的消化功能较为薄弱，饮食以清淡为主，宜少食肥腻、辛辣、煎炸食物。建议多喝水，常食粥，多吃新鲜果蔬，还可食用清热、健脾、利湿、益气、养阴的食物，如莲子、百合、薏苡仁、荷叶、冬瓜、西瓜、绿豆等。

大暑时节药膳宜清热健脾、益气养阴。故推荐药膳：荷叶乌鸡汤。

药膳：荷叶乌鸡汤。

用料：鲜荷叶 1 张、乌鸡 1 只、枸杞子 15g，黄酒、胡椒粉、盐、姜、葱等适量。

做法：荷叶洗净，用沸水焯烫一下；枸杞子去杂质，洗净；乌鸡洗净，去掉毛、内脏及爪；姜拍松，葱切段；将荷叶、乌鸡、黄酒、姜、葱、盐放入锅内，加水至锅内3/4容量，大火烧沸，再用小火炖煮35分钟，加入胡椒粉、枸杞子即可。

功能：升发清阳，清暑利湿。

注意：不宜与兔肉、鲤鱼、大蒜同食。

秋季养生与节气药膳

一、秋季养生

（一）秋季气候特点及对人体的影响

秋季的气候特点是干燥，人们常以"秋高气爽""风高物燥"来形容秋季。此时，人们常会出现口鼻干燥、渴饮不止、皮肤干燥，甚至大便干结等"燥气伤人"之象。

秋季以燥邪为主令，燥邪致病，有内、外之分：外燥是自然界燥邪从鼻窍、皮毛而入，从肺卫入侵，又有温、凉之别；初秋之气，禀受夏季炎热气候的余气，刚烈肃杀，故称为温燥；深秋之气，由于接近寒冷的冬季，寒意加深，又称为凉燥。

燥邪致病的主要病理特点：一是燥易伤肺，因肺喜润恶燥，主呼吸，与外界相通，外合毛皮，故外界燥邪极易伤肺。二是燥胜则干，在人体，燥邪耗伤津液，出现一派"干涸"之象，如鼻干、喉干、咽干、口干、舌干、皮肤干燥皲裂，大便干涩等。

（二）秋季养生的特点

（1）初秋，暑气余威尚存，湿气较甚，农历七月古称为长夏，长夏主湿，脾主长夏，故早秋七月以脾胃病居多。初秋脾伤于湿，可为冬天慢性肺部疾患的复发种下病因，正如《素问·阴阳应象大论》曰："秋伤于湿，冬生咳嗽。"

《黄帝内经》提出"秋冬养阴"，建议多食用滋阴润燥的食物，以防秋燥伤阴。一般宜食用银耳、甘蔗、燕窝、梨、芝麻、藕、乌鸡、猪肺、鸭蛋、蜂蜜、菠菜、橄榄、萝卜等凉润之品，以及花生粥等温润之品。

（2）秋季宜滋阴润燥，秋季的气候特点是干燥，极易伤及肺，燥邪会导致人口干、咽干、皮肤干燥、唇裂、鼻干出血、大便干结等，故秋季食养宜滋阴润燥。

（3）秋季不宜食姜。秋季天气干燥，燥气易伤肺，姜辛温发散，则肺津更易受伤，干燥更甚。

（4）秋季要"少辛增酸"。少辛，即少吃一些辛味的食物。肺属金，通气于秋，肺气盛于秋，少食辛味可防肺气太盛。中医认为，金克木，即肺气太盛可损及肝，所以在秋天"增酸"，增强肝脏的功能，平衡过盛的辛气（肺气）。秋天宜少食用辛味之品，如葱、姜、蒜、韭、椒、肉桂等；可食用一些酸味的水果和蔬菜，如苹果、芒果、柚子、柠檬、山楂等。

（5）建议早晨喝粥。初秋时节，很多地方仍是湿热交织，常致脾胃功能不足，免疫力下降，喝粥有益身体健康。常见的有粳米或糯米粥，均有极好的健脾胃、补中气的功能。

二、秋季节气药膳

秋季，指我国农历的七、八、九月，包括立秋、处暑、白露、秋分、寒露、霜降6个节气。

（一）立秋药膳

立秋，是二十四节气中的第十三个节气，标志着秋季的起始。"立"，是开始之意，"秋"，意为禾谷成熟。每年公历8月7日至8日，太阳到达黄经135°时即为立秋。

《管子》曰："秋者阴气始下，故万物收。"立秋后阳气渐收、阴气渐长，是成熟收获的季节，是人体阳消阴长的时期。秋季养生，皆以"收养"为原则。

立秋时节药膳宜调补脾胃、滋阴润燥。故推荐药膳：萝卜鸭胗汤。

药膳： 萝卜鸭胗汤。

用料： 白萝卜1个、鸭胗4个，姜、黄酒、盐、香油等适量。

做法： 将鸭胗剖开，用清水洗净，加入姜、黄酒腌制30分钟，备用；白萝卜和姜分别用清水洗净，白萝卜去皮、切块，姜切

片；锅中加入清水烧沸，放入鸭胗、姜、盐，用大火煮沸，然后改用中火煮1小时，最后放入萝卜块，煮熟，淋上香油即可。

功能：开胃消食，润燥理气。

（二）处暑药膳

处暑，是二十四节气中的第十四个节气，也是秋季的第二个节气。每年公历8月22日至24日，太阳到达黄经150°时即为处暑。

处暑后，人体出汗减少，进入生理休整阶段，机体易出现疲惫感，即常说的"秋乏"或者"秋困"。因此，建议保证充足睡眠，早睡早起，避免熬夜；饮食清淡，宜食西红柿、茄子和梨等食物。

处暑时节药膳宜清热解乏、滋阴润燥。故推荐药膳：麦冬枸杞蒸南瓜。

药膳：麦冬枸杞蒸南瓜。

用料：麦冬20g、枸杞子10g、南瓜500g、醪糟和白糖适量。

做法：将麦冬和枸杞子去杂质，清水洗净，备用；南瓜去皮、切条；将南瓜条整齐摆放碗内，加醪糟、白糖，再将麦冬整齐铺入碗内，放入蒸锅内大火蒸25分钟，出笼后，将枸杞子撒在面上。

功能：养阴润肺，补肝明目。

注意：不宜与菠菜、油菜、番茄、小白菜、花菜、鲤鱼、鲫鱼、羊肉同食。

（三）白露药膳

白露，是二十四节气中的第十五个节气，也是秋季的第三个节气。每年公历9月7日至9日，太阳到达黄经165°时即为白露。

白露是寒凉季节的开始，需要预防上呼吸道疾病、哮喘和支气管疾病的发生。宜多食生津润肺的食物和水果，如雪梨、甘蔗、柿子、银耳、菠萝、燕窝、猪肺、蜂蜜、鸭蛋等。

白露时节药膳宜滋阴润肺。故推荐药膳：银耳羹。

药膳：银耳羹。

用料：银耳 3g、冰糖适量。

做法：取银耳放入碗内，用适量温水浸泡至银耳松软，择净，沥去水分，撕成细条，与适量冰糖，一同放入锅中，加适量清水，小火炖煮 20～30 分钟，即可食用。

功能：润肺燥，滋肾阴。

（四）秋分药膳

秋分，是二十四节气中的第十六个节气，也是秋季的第四个节气。每年公历 9 月 22 日至 24 日，太阳到达黄经 180°时即为秋分。

秋分之前有暑之余气，故常见温燥；秋分之后，秋风阵阵，气温逐渐下降，寒凉渐起，常见凉燥。为防止凉燥，建议加强锻炼，增强体质，提高免疫力。秋季锻炼，可着重训练呼吸功能，如练吐纳功等。宜多喝温水，食清润、温润的食物，如芝麻、核桃、蜂蜜、梨等。

秋分时节药膳宜滋阴润肺、养阴生津。故推荐药膳：二冬卤猪舌。

药膳：二冬卤猪舌。

用料：麦冬 20g、天冬 20g、猪舌 400g，八角茴香、山柰、草果、肉桂、姜、葱、白糖、盐、酱油、蜂蜜、黄酒、菜籽油等适量。

做法：麦冬去内梗，天冬捡去杂质，一同用蜂蜜水浸泡；猪舌洗净，用沸水焯烫 5 分钟，捞起，刮去猪舌上白色苔；姜切片，葱切段，八角茴香等香料洗净；八角茴香、山柰、草果、肉桂与猪舌先入锅中加水煮 12 分钟，捞起，沥干水分，香料捞出备用。将炒锅放大火上烧热，加入适量菜籽油，待烧至七成热时，放入姜、葱爆香，随即加入白糖、酱油炒成枣红色，加入水适量，放入香料、盐、黄酒煮开，最后加入麦冬、天冬、猪舌，卤熟即可。

功能：清心除烦，养阴润肺，益胃生津。

注意：不宜与鲤鱼、鲫鱼同吃；阴虚火旺、有痰饮湿浊所致咳嗽及脾胃虚寒泄泻者忌食。

(五)寒露药膳

寒露,是二十四节气中的第十七个节气,也是秋季的第五个节气。每年公历10月7日至9日,太阳到达黄经195°时即为寒露。

寒露后,容易出现内热上火的情况。"上火"常是由于气阴两虚或者气不化阴,寒露时节宜以保养阴精为主,《黄帝内经》曰:"春夏养阳,秋冬养阴。"因此,寒露时节药膳宜滋阴润燥。故推荐药膳:罗汉果烧兔肉。

药膳:罗汉果烧兔肉。

用料:罗汉果1个、兔肉300g、青笋100g、黄酒、酱油、姜、葱、盐、菜籽油等适量。

做法:将罗汉果洗净,打破;兔肉洗净,切成3cm见方的小块;青笋去皮,切成3cm见方的小块;姜切片,葱切段;将炒锅放火上烧热,加入适量菜籽油,待油烧至六成热时,放入姜、葱爆香,然后加入兔肉、罗汉果、青笋、黄酒、酱油、白糖、盐、清水适量,烧熟即可。

功能:养阴生津,润肺止咳。

(六)霜降药膳

霜降,是二十四节气中的第十八个节气,也是秋季的最后一个节气。每年公历10月23日至24日,太阳到达黄经210°时即为霜降。

俗语说:"寒露不算冷,霜降变了天。"霜降时节,气候由凉转冷,应注意防燥、防寒、防郁。民间有谚语"一年补透透,不如补霜降",可见这个节气在食疗养生中的重要性。

霜降饮食调养宜平补,注意健脾养胃、调补肝肾,宜多吃玉米、萝卜、秋梨、百合、蜂蜜、泥鳅等。霜降作为秋季的最后一个节气,此时天气较凉,秋燥明显,燥易伤津,易出现口干、唇干、咽干、便秘、皮肤干燥等现象;可多食用甘寒汁多的食物,如梨、甘蔗等水果,蔬菜可多食胡萝卜、冬瓜、银耳、藕及豆类制品等。

霜降是秋季的最后一个节气,是秋冬气候的转折点,会经历阳气由收到藏的过渡。

霜降时节药膳宜滋阴润燥、健脾养胃。故推荐药膳：川明参煲排骨。

药膳： 川明参煲排骨。

用料： 川明参 20g、黄酒 10 毫升、猪排骨 400g、猪肉馅 100g、鸡蛋 3 个，胡椒粉、盐、姜、葱等适量。

做法： 将川明参洗净，浸泡 2 小时；猪排骨洗净，沸水焯去血水，剁成 5cm 长的段；猪肉馅加入盐、黄酒，制成肉丸；鸡蛋煎成蛋皮，包上肉丸，制作成蛋饺备用；姜拍烂，葱切段；将排骨、川明参、姜、葱、黄酒放入煲内，加清水适量，大火烧沸，再用小火煮至排骨八分熟，加入蛋饺、盐、胡椒粉，煮熟，即可。

功能： 润肺清肺，平肝和胃。

注意： 不宜与羊肝、黄豆、甲鱼同食。

小拓展：川明参与明党参的区别

名称	来源	性味与归经	功能与主治
川明参	为伞形科植物川明参的根	甘、平；归肺、肝经	养阴润肺，健脾和胃；用于热病伤阴，肺燥咳嗽，脾虚食少，病后体弱
明党参	为伞形科植物明党参的根	甘、微苦、微寒；归肺、脾、肝经	润肺化痰，养阴和胃，平肝，解毒；用于肺热咳嗽，呕吐反胃，食少口干，目赤眩晕，疔毒疮疡

冬季养生与节气药膳

一、冬季养生

（一）冬季气候特点及对人体的影响

冬季的气候特点是寒冷。冬季是万物生机潜伏闭藏的季节，寒气当令，人体阳气收藏。寒气为冬季主气，寒性凝滞，寒邪侵袭人体，若人体阳气不足，容易引起多脏器的功能紊乱，导致气管炎、胃痛、冠心病复发，以及感冒、关节痛、风湿性关节炎等。

（二）冬季养生的特点

（1）冬季饮食当遵循"秋冬养阴""无扰乎阳"的原则。即食用滋阴潜阳且热量较高的食物，如木耳、胡椒、羊肉、鹅肉、鸭肉、萝卜等。冬季饮食忌黏腻、生冷，因为此类食物易伤脾胃之阳气。

（2）冬季宜少食咸、多食苦。是因冬季为肾经旺盛之时，而咸入肾，苦入心；故此时应多食些苦味的食物，以助心阳，平衡过亢的肾水。

（3）冬季需注意养阳，以滋补为主。根据中医"寒则温之"的原则，宜食温性、热性食物，特别是多吃温补肾阳的食物以"以壮阳气"，如羊肉、牛肉、鸡肉等。同时宜食用富含蛋白质、维生素和易于消化的食物，如粳米、籼米、玉米、小麦、黄豆、豌豆等。

（4）冬季宜滋阴养肾。肾为先天之本、生命之源，有藏精主水、主骨生髓之功能。食用羊肉等温肾壮阳的食物，对素体虚寒者尤其有益。"黑色食物"能入肾，可以适当多食，如黑米、黑豆、黑芝麻、黑枣、黑木耳等。

二、冬季节气药膳

冬季，指我国农历的十、十一、十二月，包括立冬、小雪、大雪、冬至、小寒、大寒等6个节气。

（一）立冬药膳

立冬，是二十四节气中的第十九个节气，标志着冬季的开始。立冬，意味着生气开始闭蓄，草木凋零、蛰虫伏眠，万物进入休养、收藏状态。每年公历11月7日至8日，太阳到达黄经225°时即为立冬。

冬季宜多喝温水，养阳的同时还应该润燥。冬季在饮食养生方面，应少食咸，多吃点苦味的食物。正如《四时调摄笺》里所说："冬月，肾水味咸，恐水克火，故宜养心。"

立冬时节药膳宜养阴润燥、温阳散寒。故推荐药膳：竹参百姜炖肉。

药膳： 竹参百姜炖肉。

用料： 生晒参1支、玉竹15g、百合15g、干姜10g、猪瘦肉500g，盐、黄酒、葱、姜、胡椒粉等适量。

做法： 将生晒参、百合、玉竹、干姜洗净，装纱布袋扎紧；葱、姜拍碎；猪肉洗净，放入沸水锅焯去血水，捞出切成块状；猪肉、药袋、葱、姜、盐、黄酒一同入锅，加入适量清水；用大火烧沸，撇去浮沫，小火炖至猪肉熟烂；拣出药袋、姜、葱，加盐、胡椒粉调味即可。

功能： 补脾益肺，滋阴养血，温中散寒。

注意： 不宜与萝卜、浓茶、藜芦一起食用。

（二）小雪药膳

小雪，是二十四节气中的第二十个节气，也是冬季的第二个节气。每年公历11月22日至23日，太阳到达黄经240°时即为小雪。

小雪节气，阳气潜藏，阴气渐盛，气温降低，天气时常阴冷晦暗。宜吃热量高、有补益功能的食物，如羊肉、牛肉、乳制品、鱼类等。小雪时节药膳宜温阳和中、滋阴补肾。故推荐药膳：三子鲈鱼汤。

药膳：三子鲈鱼汤。

用料：鲈鱼1条、韭菜子20g、枸杞子20g、菟丝子20g、黄酒、葱、姜、盐等适量。

做法：将鲈鱼去内脏，洗净，倒入适量黄酒、加入葱姜腌制除腥，备用；韭菜子、枸杞子、菟丝子均洗净，韭菜子与菟丝子装入一纱布袋，口扎紧；将鲈鱼、枸杞子、纱布袋入锅中，加入水1000毫升，用大火煮沸后，再改用小火煨至水剩余500毫升左右时，取出布袋，加入盐调味即可。

功能：补肝肾，益脾胃，安胎，利水。

（三）大雪药膳

大雪，是二十四节气中的第二十一个节气，也是冬季的第三个节气。每年公历12月6日至8日，太阳到达黄经255°时即为大雪。

大雪是"进补"的好时节，正如俗语所说："冬天进补，开春打虎。"此时宜食用富含蛋白质、维生素和易于消化的食物。

大雪时节药膳宜祛风散寒、补肾壮阳。故推荐药膳：盐巴戟炙大虾。

药膳：盐巴戟炙大虾。

用料：盐巴戟天30g、大虾400g，黄酒、白糖、姜、酱油、葱、盐等适量。

做法：将盐巴戟天清水浸泡洗净，备用；大虾用黄酒少许腌制除腥；将姜、葱、白糖、酱油、盐巴戟天放入锅内，加入高汤1500毫升，放大火上烧沸，再放入大虾、黄酒，煮5分钟，加入盐调味即可。

功能：祛风除湿，补肾壮阳。

（四）冬至药膳

冬至，是二十四节气中的第二十二个节气，又称日南至、冬节、亚岁等。冬至兼具自然与人文两大内涵，既是二十四节气中一个重要的节气，也是中国民间的传统祭祖节日。每年公历12月21日至23日，太阳到达黄经270°叫即为冬至。

自冬至起，我国各地气候进入最寒冷的时期，也就是人们常说的"进九"，我国民间有"冷在三九，热在三伏"的说法。这个时候特别需要注意保暖防寒。

冬至时节药膳宜补气养血、温中暖肾。故推荐药膳：当归生姜羊肉汤。

药膳：当归生姜羊肉汤。

用料：黄芪片100g、当归身20g、生姜20g、羊肉2kg、大枣10枚，葱、盐、菜籽油等适量。

做法：黄芪片、当归身清水淋洗，晾干备用；大枣淋洗后剖开去除果核，果肉备用；羊肉冷水洗净，切成1cm宽条，放入锅中焯水去血沫，捞出；姜切片、葱切段，将炒锅放大火上烧热，加入菜籽油，待油烧至六成热时，下入姜、葱爆香，加清水适量，加黄芪片、当归身、大枣、羊肉煮至肉熟，加盐调味即可。

功能：补气养血，温中暖肾。

（五）小寒药膳

小寒，是二十四节气中的第二十三个节气，也是冬季的第五个节气。每年公历1月5日至7日，太阳到达黄经为285°时即为小寒。

寒为冬季的主气，小寒又处在一年中较冷的时候。冬日万物敛藏，养生应顺应自然界收藏之势，收藏阴精，使精气内聚，以润五脏。按照传统中医理论，滋补分为四类，即补气、补血、补阴、补阳。

小寒时节药膳宜补气养血、补肾壮阳。故推荐药膳：枸杞海马炖狗肉。

药膳：枸杞海马炖狗肉。

用料：大海马1对、枸杞子20g、狗腿肉500g，白糖、酱油、八角茴香、小茴香、肉桂、草果、山柰、葱、姜、菜籽油、黄酒、盐等适量。

做法：将狗腿肉洗净，用沸水焯去血水，海马用黄酒浸泡2小时，枸杞子去杂质，八角茴香等香料洗净；姜、葱拌入黄酒与狗

腿肉一起腌制 30 分钟。将炒锅放大火上烧热，加入菜籽油，待油烧至六成热时，放入姜、白糖、酱油、八角茴香等香料，炒成枣红色，加入盐及清水适量，煮开，放入狗腿肉、海马等，炖至狗肉松软适中，再入枸杞子即可。

功能： 补气养血，补肾壮阳。

（六）大寒药膳

大寒，是二十四节气中的最后一个节气，大寒节气处在三九、四九时段，是一年中的最寒冷时节。每年公历 1 月 20 日左右，太阳到达黄经 300°时即为大寒。

大寒是二十四节气中的最后一个节气，亦是进补的好时节，进补的同时，宜食苦味助心阳。所以冬季应减咸增苦，以保心肾相交，阴阳平衡。冬季进补到这时需收尾，可适当吃些白菜、油菜、胡萝卜、菜花等味甘的蔬菜。

大寒时节药膳宜补肝肾、养心。故推荐药膳：天麻炖乌鸡。

药膳： 天麻炖乌鸡。

用料： 天麻片 20g、乌鸡 1 只，姜、葱、花椒、盐、胡椒粉等适量。

做法： 将天麻片用清水淋洗，晾干备用；乌鸡宰杀后，去掉毛、内脏及爪，放入沸水中焯去血水，捞出放入砂锅，加入适量清水及天麻片，放入姜、花椒炖煮至肉烂汤香，最后加入盐、胡椒粉、葱调味即可。

功能： 补肝强肾，温中散寒，祛风止痉。

第三篇 川派中医药

导言

四川地处长江上游，山川险峻秀美，气候多样，物产丰富，系西南与中原文化交流的前沿与通道，也是中药材的重要产地。四川历来就是中医药大省，素有"中医之乡，中药之库"的美誉。2021年12月，四川省获批了国家中医药综合改革示范区建设，这对四川的中医药工作起到了积极的推动作用。蜀中自古多医家，据历史文献资料记载，从汉代至明清，见诸文献记载的四川医家就有一千余位，影响医坛两千余年，历久不衰。四川名医辈出和中草药蕴藏量极大，在中医药界还流传着"无川药不成方"的说法，催生并形成了独特的"川派"炮制技艺和一大批知名中药企业。"川派"炮制作为中药炮制技艺中重要的一支，已入选国家级非物质文化遗产名录，"川派"炮制尤以"复制法"享誉全国。据资料统计，四川中药资源有九千余种，其中著名川产道地药材就有86种之多，比如川芎、川黄连、川黄柏、川白芷、川贝母、川木香、川续断、川牛膝、川麦冬、川木通、川楝子、冬虫夏草、附子、丹参等，也是中国出口较早且数量较大的品种，在中国国内中药生产和销售中占有举足轻重的地位。其中，还有些野生中药材属于国家资源保护品种，如川黄连、川黄柏、厚朴等。近年来，川药年综合产值达到了1200亿。2022年，全省规模以上中药企业营收约558亿元，占医药工业企业总营收的40.6%。

第七单元

川派中医药名家

　　四川物产丰富，人杰地灵！有"蜀中自古多医家"之说，从古到今，较为出名的医家就有近千位。我们选取了四川部分古代和近代有代表性的中医药名家十位，通过对他们的介绍，以增进大家对四川"中医之乡，中药之库"美誉的理解。

针灸学家：郭玉

郭玉（公元1—2世纪），东汉广汉雒（今四川省广汉市北）人，字通直。汉和帝时（公元89年—105年）任太医丞。精研方术，尤长针灸。提出贵人疗疾有"四难"：即自作主张，不服从医嘱；自身摄生不谨慎；筋骨不强壮，不能使药；养尊处优，好逸恶劳。

郭玉医术高明，医德高尚，年少时拜程高为师。程高为隐姓埋名的民间医生涪翁的再传弟子，《直隶绵州志隐逸》卷四十一记载："涪翁避王莽乱隐居于涪，以渔钓老，工医，亡姓氏。"讲到涪翁由于其家境贫寒，故游历各地行医，还经常垂钓于涪水之上，百姓不知道如何称呼，便唤其为涪翁。其特别精通针灸之术，遇有疾痛的患者，随时扎针施灸，患者立刻就康复了。涪翁撰有《针经》《诊脉法》两书，并在世上流传。程高作为涪翁的弟子，学成之后亦隐居不仕，安心在民间行医。后来收得郭玉为徒，故而，郭玉学得涪翁、程高二人行医及针灸秘诀，并将其发扬，久而久之，医术越发高明，声名远播。

汉和帝在听说了郭玉的大名后，对于他神乎其神的医术很是好奇，便将他召入皇宫，想测试他的本事。在当时，男性医生为女性患者诊病需要"悬丝号脉"，或者放下重重帷幕，患者仅伸出手来给切脉。于是，汉和帝挑选了一个手腕肌肤似女性的男性和一名宫女，躲在帷帐之中，各伸出一手，乔装成一个人，然后让郭玉诊脉，并询问患的是什么病？郭玉诊脉后说道："左阳右阴，脉有男女，状若异人，臣疑其故。"判断出是两个人，而且有一人为男子，令汉和帝叹服。

郭玉不仅在官廷中治病，也不辞辛苦为劳苦大众治病。《后汉书》记载其"虽贫贱厮养，必尽其心力"，郭玉治病不分贵贱，不问贫富，一视同仁，故深受百姓的爱戴。不过，在医治普通百姓时，郭玉通常是针到病除，而医治权贵时，效果反而欠佳。汉和帝有些纳闷，就让权贵之人穿上普通百姓的衣服，在普通百姓的房子里接受郭玉的诊疗，结果郭玉也是针到病除。汉和帝便召见郭玉询问原因，郭玉对曰："医之为言意也。腠理至微，随气用巧，针石之间，毫芒即乖。神存于心手之际，可得解而不可得言也。夫贵者处尊高以临臣，臣怀怖慑以承之。其为疗也，有四难焉：自用意而不任臣，一难也；将身不谨，二难也；骨节不强，不能使药，三难也；好逸恶劳，四难也。针有分寸，时有破漏，重以恐惧之心，加以裁慎之志，臣意且犹不尽，何有于病哉！"意思是说，行医的时候要用心意。皮肤肌肉和它们的纹理都很小，随气运使用巧术，针灸的时候，一丝一毫的差异就会有不同的结果。意念在心手之间，只可意会不可言传。因为权贵处于高位临臣，所以臣以恐惧的心情接待。为贵人疗疾有"四难"：一难是他们自以为是，不听医嘱，自作主张；二是饮食起居没有规律，膏粱厚味，不懂得调理；三是筋骨柔弱，不能很好地使用药物；四是四体不勤，好逸恶劳，导致气血瘀滞，经脉不通。针灸时需要掌握好分寸，有时候也有疏漏之处，加上臣有恐惧之心，不能专注，又瞻前顾后，这些都是对诊疗没什么好处的，这也是他们不能很快被治愈的原因。即如果病人在医生诊断病情时不配合的话，就会影响医生判断病情轻重，影响治疗。故而，"贵人难医"一说便流传开来，成了现在的一个医学典故。

妇产科医家：昝殷

> 昝殷（约公元797—860年），唐代医家。蜀地成都（今四川省成都市）人，擅长妇产科和药物学。其仿药王孙思邈《千金方》体裁，撰有《产宝》，后经周颋增辑成《经效产宝》，是我国现存最早的一部妇产科专著。此外，其对摄生、食疗也颇有研究，著有《道养方》《食医心鉴》各三卷。

大约在唐大中七年（公元853年），剑南西川节度使白敏中驻守成都，总管四川成都平原及其以北、以西和雅砻江以东这一大片地区，他的夫人患有严重的"带下病"（"带下病"，指妇女腰带以下或带脉以下部位的疾病。我国古代常常以"带下病"统称妇产科疾病，因此治疗妇产科疾病的医生又称为"带下医"）。白敏中非常着急，四处寻找"带下医"，便找到了昝殷，经过治疗，白敏中夫人痊愈了。白敏中叹服于昝殷医术高超，建议昝殷总结治疗妇产科疾病方面的经验，写成专著，并向医界介绍，以利妇人。同时，白敏中将昝殷留在身边，随军治病。昝殷吸取众医家之长，经过几年艰苦努力，总结了治疗妇产科疾病方面的经验，约在唐大中十二年（公元858年），将整理好的"凡五十二篇，三百七十一方"撰著成《产宝》，于是就诞生了我国现存最早的一部妇产科专著。

除了妇产科方面的成就外，昝殷在食疗方面亦颇有研究。他十分重视顾护脾胃的功能，认为脾失健运，则"万病辐辏"；但其所著的《食医心鉴》原书已失传，现在流传的版本是日本人从《医方类聚》中辑出的，共1卷。书中载方211首，治疗16类病症，其中在论心腹冷痛、五种噎病、七种淋病、五痢赤白肠滑、五种痔病下血、妇人妊娠诸病及产后、小儿诸病食治等诸方中载粥疗方16首，每方叙述了主治病症、药粥组成、制服法等。此书较为系统地总结了唐以前药粥方的临床应用经验，其中高良姜粥、黄雌鸡粥、黄芪粥、糯米阿胶粥、竹沥粥、地黄粥、猪蹄粥、马齿粥、淡竹叶粥、梨粥、生芦根粥、人参粥、鸡子粥、郁李仁粥、紫苏子粥等方，一直沿用至今。

本草始祖：唐慎微

> 唐慎微（公元1056—1136年），字审元，蜀州晋原（今四川省崇州市）人，北宋中医药学家。其在《嘉祐补注神农本草》《图经本草》等书的基础上，编写了药物学巨著《经史证类备急本草》（后世简称《证类本草》），是中国宋以前本草集大成之作，首创了沿用至今的"方药对照"的编写方法，后世称之为"中医药始祖"。

唐慎微出身于世医家庭，对《神农本草经》很有研究，宋元祐年间（公元1086—1094年），他应蜀帅李端伯的招应，到成都行医，居于华阳（当时成都府东南郊）。唐慎微比较内敛，不善说话，但非常聪明好学，医德高尚，医术也十分精湛。相传，宇文虚中的父亲曾患风毒之病，经唐慎微治疗后很快就痊愈了。但这种病不易断根，唐慎微就亲笔写了一封信交给他，并在信封上注明某年某月某日，可以开封。到了这个日子，宇文虚中父亲的风毒之病果然再次发作。家人按唐慎微的嘱咐打开了封存的留信，只见上面写着三个方子：第一个方治疗风毒再作，第二个方治疗风毒攻注作疮疡，第三个方治风毒上攻、气促，欲作咳嗽。宇文虚中父亲按方治疗半个月后就又获得了痊愈。唐慎微诊治患者不分贵贱，只要有患者需要，他一定前往，风雨无阻。据说他为读书人治病从不收钱，只需提供药方、药味知识就可以充当诊疗费，因此读书人都很喜欢和他交朋友，只要在看书过程中看到药方药味的记载，都会抄录下来，因此，他积累了丰富的中医药资料。

宋代以前，中国的医药书籍几乎全部靠手抄或者口传心授保存。直到北宋时期，印刷术盛行，许多医药书籍才得以刻版流传，譬如，北宋初开宝年间，官方组织人员编写了《开宝本草》；嘉祐年间，官方又组织编写了《嘉祐本草》和《本草图经》两本药书。这两次对本草学的整理，使许多重要的本草学著作得以保存下来，但是，两次官修本草时，对古代的医药书籍只是有选择地采录，还有很多本草资料没有被采入。如果不及时加以收集，许多手抄的古代本草资料就面临湮没的命运。在这样的背景下，唐慎微在《补注神农本草》《图经本草》等书的基础上，广泛采集医家常用和民间习用的验方、单方，又从经史百家文献中整理出大量相关医药学资料，结合自己丰富的实践经验，于公元1082—1083年编写了药物学巨著《经史证类备急本草》，即《证类本草》。《证类本草》收载药物1746种，多附药图，并说明药物的采集、炮制方法和功能主治，在每药之后附载有关方剂，首创了沿用至今的"方药对照"的编写方法。此书是中国宋以前本草集大成之作，囊括了上自《神农本草经》，下到北宋《嘉祐本草》以前的历代医药文献精华，是中国现存年代最早、内容最完整的一部本草学巨著。该书内容丰富广泛，资料翔实可靠，注释详尽，体例严谨，层次分明，是中医药宝库中一颗光辉灿烂的明珠，是后世学者考察本草学发展史，辑佚古本草、古医方的重要文献参考。该著作问世后，历朝修刊，并数次作为国家法定本草颁行，沿用五百多年。明代李时珍编撰《本草纲目》时，也曾将该书作为蓝本："自陶弘景以下，唐、宋本草引用医书，凡八十四家，而唐慎微居多。"

《证类本草》对本草学的贡献大，文献学价值极高。《中国科学技术史》称此书"要比15世纪和16世纪早期欧洲的植物学著作高明得多"。可以说，唐慎微凭借个人之力、毕生心血凝成的《证类本草》一书，在本草学发展的历程中竖起一块里程碑，其功绩是无法估计的。值得一提的是，在两宋时期，蜀中医学在本草学方面就达到了当时国内最先进的水平。

诊断学家：韩懋

韩懋（公元1441—1522年），明朝医家，字天爵，号飞霞道人，又曾改名白自虚，人称"白飞霞"，四川省泸州市人，其行医经验为其父兄整理后形成《韩氏医通》。韩懋发展了淳于意的医案程式，对中医诊断学内容的充实、发展产生了积极的影响。

传说，有三兄弟不远千里来寻医为父母看诊，其父母年事已高，常年咳嗽不已，整天喉喽（指喉咙发出的异常声音），气喘，伴痰多气逆，医生聆听了三兄弟的来意后，为其孝心所感动。本想给他们出个方子拿回去熬给其父母服用，但转念一想，汤药熬制不便，口味亦不佳，经过仔细斟酌，精心琢磨出一个方案，就用日常随手可得的三种蔬菜种子——紫苏子、白芥子、莱菔子为原料，将这三味药分别洗干净，微炒一下，打碎，每剂不超过三钱，将其制作成"甘旨"（旧时多指奉养父母的美好食品），"用生绢小袋盛之，煮作汤饮，随甘旨，代茶水啜用"。还嘱咐"若大便素实者，临服加熟蜜少许，若冬寒，加生姜三片"。而这个药方就是流传后世的"三子养亲汤"，而开出这个药方的这名医生叫韩懋。

成化十三年（公元1477年），多年供事边远冷寒烟瘴之地的韩父患脚气。弘治十一年（公元1498年），韩母去世。韩父伤心悲痛，导致病情加剧，头发渐白，牙齿脱落，羸弱不堪。无奈之下，韩父只好请韩懋的表舅华恒岈前来治疗。当时，韩懋随父身边，专侍汤药，得以跟随华恒岈学医。华恒岈离开后，韩懋便自学医药，为父治病，颇有疗效。某日，韩父命人将韩懋日常所用汤药之方书录成集，赐名《韩氏有效方》，并亲自作序。正德十三年（公元1518年），韩父去世，韩懋远出游历，几遍天下，先后得峨眉山高人陈斗南、金华名医王山人、武夷仙翁黄鹤老人、庐山良医休休子等秘传，数年实践，医术逐渐精深。韩懋远游行医期间，其兄韩恩收拾整理家中医书时，看到了《韩氏有效方》的书稿，便让五弟韩恕对其重新编写整理。嘉靖元年（公元1522年），韩懋将《韩氏有效方》加以精心补葺，丰富了许多内容，名为《韩氏医通》。其中，治疗老年咳嗽、气逆的三子养亲汤便收录于《韩氏医通》。

《韩氏医通》有上下二卷，分九章，共九十五则，上卷为绪论、六法兼施、脉诀、处方、家庭医案；下卷为悬壶医案、药性裁成、方诀无隐、同类勿药。韩懋在前人经验的基础上，创立了六法兼施的医案。提出病案应包括望形色、闻声音、问情状、切脉理、论病源、治方术六大部分，制定了较详细的病案格式。提倡"凡治一病，用此式一纸为案"。不能因其烦琐而"为谋弗忠"。只有望、闻、问、切以详察内外，才能准确地判断病源予以处理。其开创了记载完整病历的先例，更为后世医家书写医案建立准绳。在诊断疾病上，韩懋强调望、闻、问、切四诊合参的重要性。这在当时夸大脉诊、舌诊的情况下，实属可贵。韩懋极其重视人与自然的关系，指出写医案"首填某地某时，审风土时令也"，因地区气候的差异、地理环境和生活习惯对疾病的产生都有一定的影响。同时，又指出"阅古方，必如亲见其人察禀赋与当时运气风土，始可以得作者之意"。

在《韩氏医通》所载医案中可以看出，韩懋辨证用药，时刻不忘地域环境、季节气候、生活习惯对疾病的影响，乃治病审察内外、重视人与自然的典范。《韩氏医通》所载补益之法也非常详备，如治痰良方霞天膏、妇科秘方女金丹、外科妙方滇壶丹等。其自制诸方，亦简而精妙，如防治瘟病的五瘟丹、健益小儿的七味保婴汤等。

伤寒学家：郑钦安

> 郑钦安（公元1824—1911年），四川邛州（今四川省邛崃市）人，清末著名伤寒学家，人称"姜附先生""郑火神"，被喻为"火神派鼻祖"，著有《医理真传》《医法圆通》《伤寒恒论》，是我国近代最具有代表性的伤寒大师。

郑钦安，原名郑寿全，祖籍安徽，后随祖父定居邛崃。郑钦安自幼习经史，后弃文从医，公元1844年开始在成都行医，其医风独特，享誉巴蜀，他对阴证的诊治方法不拘一格，而且往往出奇制胜，被当地百姓视为"神医"。

郑钦安师从一代通儒兼名医刘芷塘先生，习得《黄帝内经》《周易》《伤寒论》之奥旨，谓"人生立命全在坎中一阳"，强调元阳真气在人体生命活动中的重要作用，治病立法重在扶阳，非常重视阴阳辨证。他认为，绝大多数的病症都是阳虚阴证，由于真阳腾越，不能固守于体，以至生机断灭。因此，如果人体能够做到真阳飞升，则多数可救。因此用药多为大剂量姜、附、桂等辛温之品。有一次，一位知府大人的夫人得了重病，请了当地名医6人一起联合诊治，不见效果，夫人奄奄一息，生命垂危。这6人害怕夫人无救，知府怪罪，影响前途，加上平时忌恨郑钦安医名太盛，于是心生毒计，联名推荐郑钦安来医治。如此一来，医好了他们有功劳，医不好则由郑钦安替罪。郑钦安仔细把脉之后，沉思良久，开出了处方，以附子、干姜、甘草等为主方。知府是浙江人，当时浙江流行温病学派的思想，比较忌讳使用辛温之药，所以对处方将信将疑，而6位名医却心中暗喜，认为一剂药下去，夫人必死无疑，到时候可以趁机将郑钦安除之而后快。知府权衡良久，还是决定用药，但是要求郑钦安必须留下以观后效。当晚，大人服下第一次药，半夜时分醒来后感觉舒服很多，于是服下第二次药，天亮后感觉饥饿，于是服粥一碗，不久就可以自行起床了，三天后夫人康复。经此一事，郑钦安的声名更振。而此类用药经验也逐渐形成流派——火神派，郑钦安则成为独树一帜的火神派中医的领军人物，被誉为"火神派"鼻祖。

郑钦安著有《医理真传》《医法圆通》《伤寒恒论》等三部著作。其中，《医理真传》被称为火神派的奠基之作；《医法圆通》则进一步丰富和完善了火神派的学术思想，这两本书囊括了他全部的中医学术思想，也是他一生独特经验的全面总结；而《伤寒恒论》一书则是他对《伤寒论》的见解和系统阐释。也正因为其在伤寒研究方面的突出成就，郑钦安被誉为是我国近代最具有代表性的伤寒大师，他的学术思想影响深远，对当下的临床仍有重要的指导和借鉴作用。

血证诊治名医：唐宗海

> 唐宗海（公元1846—1897年），字容川，四川彭县（今四川省彭州市）人，中医七大派"中西医汇通派"创始人之一。治学主张兼取众家之长，"好古而不迷信古人，博学而能取长舍短"。著有《中西汇通医书五种》，包括《中西汇通医经精义》《伤寒论浅注补正》《金匮要略浅注补正》《血证论》《本草问答》等。

唐宗海先攻儒学，光绪十五年（公元1889年）中进士，但时逢乱世，官场腐败至极，唐宗海认为，为官一任，不如汤药救人更切实际。故而他打破了历代儒医的传统成长模式——儒学修行时潜心岐黄，中年之后彻底转而研究医学，成为清末的大中医家。清末时值西方文化思想入侵，中医文化受到较大的冲击，在此环境下，唐宗海认识到西医、中医各有所长，力主汇通中西，厘正医道。因此，他首先提出"中西医汇通"口号，是中国近代第一位提出以中国古代医学理论为基础，吸取西医解剖学、生理学知识的医家，是中国医学"中西汇通"先驱者，并基于此思想撰成《中西汇通医经精义》。

唐宗海一生不幸，其父、妻、母先后死于疾病。父亲和妻子更是壮年谢世，因其父患血证多方求治无效后，他便开始潜心探索血证。经过11年时间写成《血证论》，集血证诊治之大成。他认为，阴阳是万物之本，在人身之中，阴阳的具体所指，即是水火，即是气血。气生于血，血生于气，阳气与阴血之间相互滋生。气血水火的关系，一方面强调其相互对峙，同时亦强调其相互维系。故在治疗气血水火的病变时，主张治血调气，调和阴阳。气血水火之间的协调，尚依赖脾土为枢纽。因此，唐宗海对血证病机的探讨，重视脏腑，抓住气滞、血瘀、火热之间的关系。在他看来，血证的病机，常见的不外两大类，一类是血溢于体外，如吐血、咳血、鼻衄、唾血等；一类是各种瘀血、蓄血等。通过对多种血证的治疗，他摸索出血证治疗的四大法则，即"止血""消瘀""宁血""补血"。

作为一代名医和中国早期提倡中西医结合的杰出代表，唐宗海不仅医术精良，而且医学著述颇丰，其《血证论》《中西汇通医经精义》与后续成书的《本草问答》《金匮要略浅注补正》《伤寒论浅注补正》，后被辑成丛书《中西汇通医书五种》刊出。他主张中西医之间取长补短，"不存疆域异同之见，但求折衷归一是"，"去彼之短，用彼之长；以我之长，盖彼之短"，更著有《医易通说》《六经方正中西通解》《痢症三字诀》等，其好友刘光第（"戊戌六君子"之一）称赞他"活人有奇术"。

济世女中医：曾懿

> 曾懿（公元1852—1927年），字伯渊，名朗秋，四川华阳（今属四川省成都市）人，清末民国初女中医、女思想家，其通晓医理，又有行医救国思想。著有《古欢室丛书》，由《女学篇》《医学篇》《诗词篇》三个主要部分组成。

清朝末年，一场长达十余年的瘟疫暴发，有一位18岁的少女，目睹了许多患者由于医治无效而丧生。心地善良的她很是可怜乡民的无助，立志要用医学救治病苦的民众，于是她开始自学医圣张仲景的《伤寒论》和各类医书典籍，钻研叶天士、吴鞠通等温病大家的著作，最终成为一代济世名中医，她便是清代传奇女中医——曾懿。

传统封建社会推崇女子无才便是德，医生作为一种上层职业，几乎没有女性的身影。曾懿出身书香门第，她的父亲曾咏是清朝的一位知府，母亲左锡嘉是江苏常州有名的才女，擅长书画诗词。为了能更好地培养女儿，他们一家特地把家搬到如今的成都浣花溪一带。在父母的教育下，曾懿博览群书，研读经史，兼及绘画诗词，学问日益精深，成为一方才女。从医后，她收集民间验方，并应用于临床，有一次她外出听到一个士兵说，以前他从军到一个地方，得了噎病，能饮不能食。过了数日，他口渴到处找茶水，只见一个小贩在煮鸡卖，这口渴实在厉害，就买了点鸡汤解渴。不料这鸡汤又浓又鲜，吞饮不噎。于是，又连买几碗鸡汤饮服。以后，他常用鸡汤煮粥作为主要饮食，病也慢慢好了。曾懿听了以后，用心记住，以后凡遇到这类噎膈症，她就用浓鸡汤，略加姜汁治之，获得了很好的疗效。数年后，她把悉心所学用于救治百姓，因医术精妙又态度谦和，曾懿深得患者和百姓爱戴。

清末民国初，受维新思想影响，曾懿深感所学辞章之学于救国无实际用处。只有男性不足挽救国家的危亡局面，必须兴女学，鼓励女子接受教育，使女子也投身救亡图存的运动中；只有大家团结一致，才可救国强国。因此《女学篇》中，她详细论述兴办女学的重要性与必要性，并在《女学篇》中论述了卫生保健知识，强调要重视身体健康，增强国民体质。而《医学篇》成书于曾懿54岁时，在《医学篇》中，她将《温病条辨》要方摘录成帙，一目了然；再附以生平之各科效验古方、时方和自制诸方，使学者从中获益，不致受庸医所贻误。《医学篇》反映了当时的疾病流行趋势及中医在当时的发展状况，为中医学的发展做出了重要贡献。

中医肛肠病学一代宗师：黄济川

> 黄济川（公元1862—1960年），四川内江人。我国著名中医肛肠病学专家，成都肛肠专科医院创始人、首任院长，中华医学会第五届外科学会副主任委员，四川省四大名中医之一，清代名医龚心裕唯一亲传弟子，撰有《痔瘘治疗法》一书，是我国治疗痔瘘疾病的第一部中医专著。

黄济川原名黄锡正，出生于贫苦小贩家庭，13岁开始学习木工，17岁身患肛瘘，在四处求医途中遇到富顺县民间医生龚心裕，用挂线法经数月治愈。在治疗过程中，黄济川随龚氏往来于资中、隆昌、富顺、自贡、泸州、重庆等地，为其挑运行李，寸步不离。亲眼见到龚氏用自己的绝技为许多病人解除了痛苦，深感龚氏医术精湛，救人于危难之中，遂决心拜师。龚氏见其忠厚朴实，热情正直，对医学兴趣浓厚，遂教其治疗肛瘘，但尚留有治疗痔瘘方药未传。五年后，黄济川学成回乡，决心用自己的一技之长济世救人，并改名为黄济川。几年后，龚氏途经内江，黄济川闻讯拜谒，将龚氏接到家中奉养，一如当年事之以师。半月余，龚氏告别，黄济川为师设宴饯行。席间，黄济川见一路人匆匆离去而遗失了纸条，他拣起纸条发现是银票300两，迅即追回失主，当面归还。龚氏见其拾金不昧，大为感动，遂留下再教其痔疮疗法，并将痔瘘方药全部传授。龚氏离别时语重心长地对他说："医乃仁术，救人危急，不以名利为务，吾亲生四子，均未传授，汝当牢记，慎之慎之。"

清朝末年（公元1897年，光绪二十三年），黄济川在四川省泸州市开设痔瘘诊所，公元1904年（光绪三十年），黄济川到成都市开办了"黄济川痔瘘诊所"（现成都肛肠专科医院前身）。他凭着超人的技艺，博采众家之长，不仅成为痔瘘专家，还擅长治疗其他中医外科疾病。同时，他完善了"枯痔散"及治疗方法，并在1954年的四川省中医代表会上，毫无保留将自己的"枯痔散""药线"等秘方、秘法、痔瘘专科绝技无偿献给了国家，被授予"痔瘘专家"的荣誉称号。

1957年，为了将自己的医学成就和医学之道完好地传承下去，黄济川亲自题写了《勉后学者八大警语》——"诊断确实、医治彻底、胆大心细、体人如己、戒骄戒躁、勤钻互学、全心全意、尊党为民"。如今，这八条警语也作为成都肛肠专科医院的院训，永远激励着后人不断进取，不懈追求。

"京城四大名医"：萧龙友

> 萧龙友（公元1870—1960年），本名萧方骏，别号息园、息翁，后改为不息翁，四川三台人，医学家。曾任中医研究院（今中国中医科学院）学部委员（院士）、顾问、名誉院长、中央文史馆馆员等。提出了设立中医学院的议案，著有《整理中医学意见书》《中医药学意见书》《现代医案选》（与人合撰）和诗集《采风录》。

萧龙友出生于四川雅安学署，1897年考中清朝丁酉科拔贡。1914年，奉调入京，历任财政、农商两部秘书及府院参事、农商部有奖实业债券局总办等职，并由执政府内务部聘为顾问。他从官之余行医治病，颇受患者欢迎。1892年，萧龙友同陈蕴生用中草药救治川中霍乱，疗效很好，声名鹊起。1928年，萧龙友毅然弃官行医，自署为"医隐"，号"息翁"，全身心投入医药事业。其十分重视辨证论治，主张四诊合参，曾言："切脉乃诊断方法之一，若舍其他方法于不顾，一凭于脉，或仗切脉为欺人之计，皆为识者所不取。"认为临证时结合病人的体格、性情、籍贯、职业、平素生活习惯等加以考虑，就不难得其秘奥。主张以《伤寒论》为鉴，"以之作鉴则治病必有一定之法，如影之不变也"。且医与药不能分割，医生不但应识药，而且要能亲自采药、炮制。在西医文化冲击的时代，提出"不泥古，不囿今"，要斟酌损益以求合乎今人之所宜，而后可以愈病。主张消除门户之见，取彼之长，补我之短。

萧龙友非常注重传承培养，他常对学生说，必先知平脉而后知病脉。1934年，在兵马司胡同的大院里，他与孔伯华自筹资金创办了"北京国医学院"，培育中医后继人才。他与孔伯华为筹资金，轮流外出诊病，用诊费补充学校经费，办校15年，毕业学生数百人，对我国中医学的发展起到了承前启后的作用。1949年中华人民共和国成立后，萧龙友年已八旬，他将别号"息翁"改为了"不息翁"，以示"自强不息"，仍念念不忘发展中医事业。他在1954年9月第一届全国人民代表大会发言时提出设立中医学院、培养中医人才的提案。国家采纳了他的提案后，先后成立了北京、上海、广州、成都四所中医学院，现如今，四所中医学院，每年都有数千学子成才，为延续中医药事业而开启旅程。

"国医圣手"：蒲辅周

> 蒲辅周（公元1888—1975年），原名启宇，四川梓潼人，近现代卓越的中医学家，长期从事中医临床、教学和科研工作，精于内、妇、儿科，尤擅治外感热病，将伤寒、温病学说熔于一炉，经方、时方合宜而施。著有《蒲辅周医案》《蒲辅周医疗经验》《流行性乙型脑炎》《中医对几种妇女病的治疗法》《中医对几种传染病的辨证论治》等。

蒲辅周出生于四川省梓潼县长溪乡一个世医之家，祖父与父亲都是精通医道、名闻乡里的医生。蒲辅周15岁起，白天随祖父临床侍诊，晚上以《内经》《难经》《伤寒论》《金匮要略》为基本研读之书，以《外台秘要》《千金方》及历代诸家之书为参考之学，苦读到深夜。经3年的苦读与侍诊，18岁便悬壶于乡里。他牢记前人"医乃仁术"之教诲，将名字改为辅周，取"辅助贫弱、周济病人"之意。

1917年，蒲辅周至成都开业，数年后返回梓潼行医。1936年，感于时事日非，且不屑与地方政界同流，蒲辅周又赴成都行医，并在成都兴办"同济施医药社"，即无钱买药的病人经他免费诊断后，可持他的特定处方去免费抓药，由他定期去结算。1940年，梓潼霍乱流行，蒲辅周闻讯后，立即汇200银圆和处方一张，要他的弟弟们将治疗霍乱的药方抄录后四处张贴，广为宣传；并把所汇银圆买成药品，半价发售，贫穷的病人分文不取。1945年，成都麻疹流行，蒲辅周常涉水到御河边和城郊劳动人民聚居区，为他们免费诊治。由于对于传染病的突出贡献及高超的医术，1956年，卫生部中医研究院（今中国中医科学院）成立后，蒲辅周被聘为副院长。蒲辅周在70多年的医疗生涯中，治病主张灵活辨证，反对泥古不化。对若干内科、妇科疑难杂症，亦颇有经验。在传染病的诊治中贡献巨大，除了霍乱、麻疹，还以其医术挽救了很多温病包括乙型脑炎等传染病患者。

蒲辅周除了医术高明外，还非常注重医学传承，以振兴祖国医学为志，始终精研医理，博览兼收，治学严谨，精益求精。他早年在家乡行医，已享有盛誉，但由于一次偶然的医疗失误，他便毅然停诊3年，闭门读书，反思自己的不足。其间，还以一个月的时间将借来的一部日本人编著的《皇汉医学》抄毕读完，并感慨地说："外国人尚于中医有如此精深研究，中国人岂甘自卑。"他较常用的痛风验方、百损丸、治肺结核吐血经验方、治疗和控制内眼病及白内障等眼病的"九子地黄丸"等，皆得自其他老中医；学习中，为验证书本知识，譬如早年对药用"十八反"产生疑问，便探索出海藻、甘草同服，合理应用后其软坚消结之力更强；甘遂配甘草，在可控制剂量下，祛痰逐浊效果极好等"反药相佐"之效。他这种严谨的治学精神，使他在临证时能分辨细微，审证诊脉之准确较他人更胜一筹。曾有记载，在一次重型乙型脑炎患者会诊的讨论中，出席的医生都认为该患者高热灼手、胸腹痞满，已3日不大便，脉沉数，苔黄腻，可以用泻下的方法治疗。而蒲辅周却认为，虽胸腹痞满，但痞满而不坚，脉象不是沉实而两尺呈现滑象，苔厚腻而非老黄，所以不需用下法，大便会自行排出。正当医生们认真剖析，意见渐趋一致时，护士来报告，说患者已下溏粪。他认证之准确，令同仁叹服。周恩来总理曾称赞他是高明的医生，又懂辨证法。

第八单元

川派特色炮制及炮制品

中药炮制是历代医药先贤们经验和智慧的结晶,其主要目的是减毒增效,改变药物性能等。四川中药资源丰富,川派炮制技艺在国内几大炮制"帮派"中,自成一体,特色鲜明,现已进入国家级非物质文化遗产名录。下面,就让我们一起来认识一下川派特色炮制及炮制品吧!

说文解字
——"炮"和"炙"

"炮"字始见于篆文，表示把带毛的肉用泥巴包住放在火上烤。

"炙"的意思和"炮"一样，也代表在火上烤肉。

从现代汉字可以看出，"炮"和"炙"都与"火"有关，但"炮炙"在现代多称作"炮制"。

【思考与实践】请思考，"炮制"就是指用火加工中药吗？

中药炮制的起源

中药炮制具有几千年的悠久历史，是中医药的重要组成部分。

远古时代，人类一开始是不会用火的。后来，随着人类适应自然的能力和智力水平逐渐提高，人类学会用火来获得更多的生存资源。从《韩非子·五蠹篇》"钻燧取火，以化腥臊"，到《礼含文嘉》"燧人氏始钻取火，炮生为熟，令人无腹疾，有异于禽兽"，人类总结出：使用火把食物制熟后食用可以减少疾病的发生。

火用于中药炮制即称为"炮炙"，火既开启了中国文明，也成为中药炮制文化的开端，并逐步成为中药炮制文化中的核心内容。

后来，跟火有关的炮制方法如"火制"和"水火共制"等系列方法，也成为中药炮制的主要方法，故"炮炙"又称为"炮制"。即除了用火，其余的中药加工方式也属于炮制。

大约成书在东汉时期的《桐君采药录》中曾记录了辨别植物的根、茎、叶、花、果实的形态、颜色、花期及果期等方法，说明那时候我们的先人就开始加工中药材。为了服用方便，他们使用清洗、劈瓣成小块、剉捣成粗粒等简单的加工方法来处理药物，而这些简单的加工技能逐步积累和发展成早期中药饮片炮制中的"净洗法"和"切捣法"。

【思考与实践】

1. 中药材和中药饮片有什么区别？

成都拥有我国西部地区最大的中药材市场——荷花池中药材专业市场，这里售卖琳琅满目的中药材。在医院、诊所、药店的中药柜（斗）里也有各式各样的中药，被称为中药饮片。从专业的角度来讲，中药材指可以作为中药使用，但是未经加工炮制的植物、动物和矿物等天然产物。而中药饮片则是中药材制成的片状、块状、丝状或段节形状的加工炮制品。

2. 为什么要对中药材进行炮制呢？

因为来自大自然的中药可能有毒性，可能太寒凉、太辛热、太燥、太滋腻，不适合直接入药。而通过"炮制"这门独特的传统制药技术，不仅可以提高药物的药效，降低药物的毒性，也更便于储存。所以，中药材必须炮制成饮片之后才能入药，这是中医临床用药的一大特点，是中医药的显著特色，也是确保临床疗效的重要环节。

中药炮制的作用

一、降低或消除毒性

【生活实例】

芋头是秋季常见的食物。我们都知道，生芋头的黏液会刺激咽喉，引起口舌发麻，胃肠不适。这是因为生芋头的黏液里含有"芋芳皂苷"，它对皮肤和黏膜有刺激作用，除了舌和胃肠不适，还会引起皮肤瘙痒，即使反复抓挠也无法消除痒感。然而，芋头在厨房里经过水煮或者红烧等烹饪方法，就可以变成一道美食。

四川还产一种中药叫天南星，和芋头同属于天南星科，整个植株都有毒，生用有强烈的刺激性，一般外用。曾经，在一次野外认药的过程中，有人见天南星的果实长得可爱，就尝了芝麻那么一小点，结果导致口腔溃烂，疼痛不止。天南星毒性这么大，又怎么能吃下去治病呢？其实，天南星块茎经过长时间清水浸泡，并加入白矾、生姜片等进行加工炮制后，就会变成一味治疗咳嗽咯痰的良药。

所以，炮制的作用之一就是降低中药的毒性，使它更加安全，符合药用要求，避免服用后产生不良反应。

天南星（植物） 　　　　　制天南星（饮片）

二、改变和缓和中药性能

【生活实例】

白萝卜营养价值丰富，是日常生活中大家特别喜欢吃的一种蔬菜。生的白萝卜自带辣味，清香扑鼻，口感爽脆，解腻，是我们四川人餐桌上常见的美食。在寒冷的冬季，将白萝卜切块炖煮，又是另一番风味。白萝卜煮熟后软烂化渣、口感清甜、暖心暖胃。

生萝卜是火辣辣的，煮萝卜是甜蜜蜜的，通过水煮，萝卜里的辛辣成分消失或转化，由生变熟，由辛变甘。

每一种药物，都各有其寒、热、温、凉四气和辛、甘、酸、苦、咸五味之不同，药物通过炮制，可改变其性能，扩大其应用范围，以密切满足临床需求。

三、增强药物疗效

【生活实例】

大家都知道枇杷叶可以清肺止咳，那么用从树上摘下来的枇杷叶可以直接煎水熬药吗？答案是否定的，从树上摘下的枇杷叶也要经过炮制才能入药。真正的枇杷叶药材要经过以下步骤才能变成中药饮片——蜜枇杷叶。

枇杷叶背面有绒毛，如果不去除，绒毛会刺激咽咙加重咳嗽。蜂蜜可以润肺止咳，为了增强润肺止咳的作用，我们通常会用蜂蜜水拌炒枇杷叶丝，增强治疗效果。

有些药物在炮制中，常加入一些辅料，它可以与药物起协同作用，增强药物的疗效。

四、便于调剂和制剂

【生活实例】

您知道吗？肥美的海鲜也可以入药，如生蚝的壳。生蚝又叫牡蛎，它的壳可以治疗惊悸失眠，眩晕耳鸣，瘰疬痰核，癥瘕痞块。煅烧后的牡蛎可以治疗自汗盗汗，遗精滑精，崩漏带下，胃痛吞酸。

可是生蚝的壳又厚又硬，怎么能够作为药物精确地分到每一副中药里呢？我们可以通过碾碎，或者用火加热后将壳煅至酥脆、再碾碎等方式将其变成粉末状，进而入药。

医生在临床使用中药时，会注明每味药多少克，如果是整个药材，不仅没有办法准确的称量，也不利于药物有效成分的煎出。矿石类、贝壳类、动物甲壳类中药一般都非常坚硬，通过炮制，使用煅、淬等方式可以让这类药物质地变得酥脆，方便粉碎、调剂称量。

牡蛎 　　　　　　　　　　牡蛎（饮片）

五、保证药物净度

【生活实例】

莲的果实是莲子，莲子肉口感清甜，可以补脾止泻、止带、益肾涩精、养心安神。而莲子心味苦，可以清心安神，治疗心火上炎。所以，同一颗莲子根据临床需要应分开使用。

莲子肉（饮片） 　　　　　　莲子心（饮片）

还有一种叫麻黄的植物，它的茎可以发汗，但是它的根却是止汗的。同一种植物不同部位的功能完全相反，所以，药用时需要注意区别和分开使用。炮制时，将不同部位、不同性能的药物进行分离可以保证药物净度。

六、矫正药物不良气味

【生活实例】

有个词叫"草木无情"，意思是说草木是无情之物。但在中药里却有"血肉有情之品"——动物药，它们和普通的植物药、矿物药不一样，药物力量会更猛，具有其他药物不能替代的作用，如乌梢蛇、僵蚕、水蛭等。

常见的动物药有土鳖虫、斑蝥、鸡内金、龟甲、鳖甲等，这类药材必须通过炮制去掉腥臭气味。通过炮制后的动物药，腥臭气味更小、口感更佳，减轻患者服用时"恶心"的感觉。临床上常采用酒炙、醋炙、麸炒及奶制等方法对动物药进行炮制。

七、产生新药物或新疗效

【生活实例】

您知道吗?大豆不仅是我们熟悉的粮食作物,还是一味中药,具有利水、祛风、解毒的功能。此外,大豆还可以通过一些炮制方法变为新的中药呢。

成熟的大豆种子在一定的温度和湿度下可以萌发幼芽,大豆种子里储存的物质被分解或转化,形成新的物质,从而得到中药炮制品——大豆黄卷。大豆黄卷具有解表祛暑、清热利湿的功能。而大豆和桑叶、青蒿煎煮的汁液混合蒸透后发酵,可以得到另一味中药——淡豆豉。淡豆豉具有解表、除烦、宣发郁热的功能。小小的大豆通过发芽、发酵等不同的炮制方法,竟然可以产生新的功能,形成新的药物!

大豆黄卷(饮片) 　　淡豆豉(饮片)

将种子通过发芽法炮制产生的药物还有稻芽、谷芽、麦芽等。通过发酵法炮制产生的新药物还有六神曲、建曲、半夏曲、百药煎等。

中药炮制的方法

中药炮制的方法种类很多，一般分为修制、水制、火制、水火共制和其他制法几大类。

一、修制

将中药材进行纯净处理、粉碎处理、切割处理的方法叫修制，具体如净制、粉碎、切制等。

（一）净制

去掉中药材中的杂质（如泥土、残枝败叶等）和非药用部分的方法叫净制，如簸去种子的皮壳、筛去泥沙、刮掉粗皮、刷去绒毛、挑拣等，如蝉蜕等。

（二）粉碎

粉碎使中药材方便分剂量进行调配、制剂或服用，如砸开果核、捣碎种子，对中药材进行碾、锉、磨等，如三七粉等。

（三）切制

为了储存饮片、炮制饮片和制剂，有利于有效成分煎出，提高中药煎药质量，将净选后的中药材软化，切成一定规格片、段、块、丝的方法叫切制，如人参片等。

二、水制

为了清洁、软化中药材，减少或除去中药材中所含的盐分、不良气味及毒性成分，用较低温度的水或其他液体淋、洗、泡、润、漂来处理中药材的方法叫水制，如清半夏等。

三、火制

用火加热处理中药材的方法叫火制，如炒、煅、煨等。

（一）炒

将净制或切制后的中药置于容器内，用不同火力连续加热，并不断翻动至一定程度的方法叫炒。

1. 清炒

不加辅料的炒法叫清炒，包括炒黄、炒焦、炒炭。有的为了便于粉碎，有的为了缓和药性，有的利于煎煮，还有的为了增强药效或者改变药物性能。

（1）炒黄：用文火将药物表面炒至微黄，如炒苍耳子等。

（2）炒焦：用中火或武火将药物炒至表面焦黄（褐），内部颜色加深并有焦香气，如焦山楂等。

（3）炒炭：用中火或武火将药物炒至表面焦黑，内部焦黄，但保留原有气味（存性），如茜草炭等。

2. 加辅料炒

将药物与砂、土、米、麸、蛤粉及滑石粉等固体辅料拌炒，如烫水蛭等。

（二）煅

将中药材用大火或猛火直接（或间接）煅烧的方法叫煅。

明煅：将某些矿物或甲骨类药材直接置于无烟炉上煅烧，如煅石膏等。

闷煅：将质地松泡的动、植物药材放于耐高温的密闭容器中煅烧，可让药物质地变得酥脆，或者改变药物性能，如血余炭等。

（三）煨

将净制后的药材用湿面粉、湿草纸等包裹，或用吸油纸均匀地隔层分放，进行加热处理或将药材埋入麸皮中，用文火炒至规定程度的方法叫煨，如麸煨肉豆蔻等。

四、水火共制

既用水，又用火，或加入其他辅料对中药材进行处理的方法叫水火共制，如炙、淬、蒸、燀等。

（一）炙

用液体辅料拌炒药材的方法叫炙。常用液体辅料有黄酒、炼蜜、米醋、盐水、姜汁和甘草汁等。

酒炙：有的为了增强活血的作用，有的为了祛除动物药的腥味，如酒川芎、酒乌梢蛇等。

蜜炙：有的为了增强平喘的作用，也有的为了增强补中益气的作用，如蜜枇杷叶、蜜黄芪等。

醋炙：有的为了增强药物疏肝解郁的作用，有的为了降低毒性，如醋柴胡、醋芫花等。

（二）淬

药物经煅烧后，趁红热迅速投入冷水或醋等液体中，使之受冷而松脆的方法叫淬。该法使药物更加容易粉碎，如醋磁石等。

（三）蒸

用水蒸气加热药物的方法叫蒸。有的为了让坚硬的药物变软、方便切制，有的药物通过蒸制后、方便干燥保存，还有的可以改变药物性能。如天麻、熟地黄等。

（四）燀

用沸水浸烫药材后迅速捞出的方法叫燀。有的药材肉质多汁，通过燀的加工方法可以方便药材干燥；有的种子类中药通过燀的加工方法可以去掉种皮；燀也可以破坏种子的酶而保护有效成分。如燀桃仁等。

川派炮制渊源及代表人物

一、全国四大炮制帮派

中药炮制是中医药中一门必不可少的技艺。因全国各地气候环境、地域特征、药材资源、用药习惯、文化背景的不同，各个地方都有自己的特色中药炮制传统技艺。在我国明清及民国时期，中药炮制技术蓬勃发展，或因为炮制工具具有地方特色，或因为炮制工艺不同，各地形成了独特的帮派或流派。其中，以江西的樟帮、建昌帮，北京的京帮及四川的川帮（又称"川派"）最具代表性。樟帮的精湛切制工艺久负盛名，掌握"槟榔不见边，白芍飞上天"的绝技；建昌帮因其炮制工具、辅料独特，工艺取法烹饪，讲究形色气味，毒性低疗效好，有"斜薄大光，色艳气香"的特点；京帮擅以豆腐为辅料，兼具独特的炮制方法；川帮炮制历史悠久，以特色炮制品种而闻名遐迩。

二、川派炮制特色

川派中药炮制属全国四大流派之一，以成都地区为核心，覆盖四川、重庆、云南、贵州等中国西南地区。川派中药炮制技术最早出现于中唐时期，在明清时期发展壮大，其技术偏重于蒸制和复制。川派炮制的理论和实践以《雷公炮炙论》与《证类本草》为基准，并在此基础上进行传承和创新。清末有本书叫《成都通览》记载"成都药铺凡三百四十七家"，可以想象，当时的川派炮制已经热闹非凡。川派炮制具备以下六大特色：

特色一：川派刀具。

川派常用的切制刀具有切药刀、片刀、剃刀、挑儿刀、刁刀等。其中，切药刀（俗称"铡刀""大刀"）刀身较厚，刃口为一面，适用于切制坚硬、又长又大的中药材，如白芍、桂枝、荆芥等；片刀（俗称

"小刀"），式样和菜刀相似，刀身较薄，刃口为两面，呈弧形，具切、削、片、劈等多种功能，适用于加工柔软、短小的中药材，如白术、黄芪、甘草等；剃刀，刃口薄刃背厚，易于剖出中药材心柱；挑儿刀，刃口薄，为半圆形，适用于果实类需削极薄表皮的中药材；刁刀，呈斜形而薄，适用于部分中药材的剔挑。

特色二：前店后坊。

多年以前，川派炮制基本上都采用"前店后坊"的经营模式，这也是其特色之一。无论是城里还是乡下，药铺的门面为患者看病取药的地方，而店堂的后院则是加工饮片的作坊。在20世纪初，成都有三家药铺（同仁堂、庚鼎药房、精益堂）最具代表性。1939年（民国二十八年），成都的地方志有明确记载，在成都从事中医的达868人之多。在当时，学习中医和现在的学校教育不同，主要通过中医世家代代相传或者拜师学艺的方式进行，即年轻时候当学徒，逐渐拥有技术后独立行医。当时的中医学习往往先学习抓药，对中药药性非常熟悉后开始学医，所以从事川派炮制的人既懂药，又懂医。

特色三：复制。

复制是川派炮制的特色之一。一些特殊药物的炮制往往需要使用多种辅料，以及不只一种炮制方法，如多次重复运用蒸晒等工艺，特别讲究炮制火候。川派炮制的复制饮片以"九制大黄""九转南星""仙半夏""临江片"等特色炮制品闻名。

以四川道地药材大黄为例，生大黄是经典的沉降药，泻下作用峻烈；而酒制过的大黄，借酒提升之性，引药上行，用于目赤咽肿、齿龈肿痛；醋制过的大黄，引药入肝经，增强活血解毒、消积化瘀的功效；大黄炭，虽然已经炭化，但是药性仍然保存，表面焦黑，断面呈焦褐色，有凉血、化瘀、止血之效。自清末传承至今的"清宁片"，即酒蜜制大黄，能缓下消积，凉血解毒，对大便秘结之年老、体弱、久病患者有较好的疗效。炮制清宁片所需技艺烦琐，要耗时几个月。首先，通过十多小时的熬煮，使大黄变为稀泥状，去除药材中的泻下成分，视天气阴晴晒3～5日，反复多次粉碎过筛，使之细度均匀。最关键的是炼蜜，蜂蜜如果熬老了，黏性太强，就不好切制；蜂蜜炼得太嫩，药物又会生霉变质。将水分适宜的蜂蜜与大黄粉、黄酒混合，揉成条块，上蒸笼蒸透，取出，揉成均匀的圆条，搓匀的药条还需置于罐内发酵10日，手一捏，弹性十足，再切制成片，清宁片的制作才算大功告成。

特色四：重视临床疗效。

中医、中药自古不分家。川派中药炮制非常重视临床疗效，秉承"中医生命在于疗效"的原则，要求每一代传承弟子都既要懂药，还要懂医，立足临床。不但要知道中药的炮制方法，还要知道炮制后的中药治疗什么病？怎么治？疗效的好坏，还要进一步通过临床来验证。他们不断地在临床摸索，通过临床疗效分析炮制前后产生的药效变化，进而改进或创新炮制工艺。

特色五：道地药材炮制。

有句话叫"无川药不成方"，说的是四川的中药资源非常丰富，很多川产道地药材如附子、半夏、天南星等在处方中非常重要或不可缺。如果医生开处方缺了川药，那处方的药味都会开不齐了。川派炮制根据临床应用就地取材，在实践中进行大量多次的试用、改进、完善、丰富，逐步形成道地药材的炮制特色。川产道地药材采用不同的炮制技术，通过不同的炮制方法达到不同的治疗目的。例如，半夏有姜制（姜浸、姜煮、姜煨、姜泡等）、药汁制（矾姜制、姜萝卜制、姜甘草制、法制半夏等）七十余种炮制方法，川乌也有黑豆制（煮、炒、蒸）、酒制（浸、炒、煮等）等数十种炮制方法。

特色六：特色发酵。

我们知道牛奶可以发酵成酸奶，但你知道一些中药也是通过发酵技术得到的吗？早在汉代、晋代前后，发酵技术就已应用于中药炮制了。中药特色发酵通过将优选的益生菌菌群中的一种或者多种作为菌种，对

中药材进行加工，形成药曲，如北魏贾思勰在《齐民要术》中就记载了多种制曲的方法。

四川地理位置独特，气候潮湿，温度适宜，非常适合微生物繁殖，有利于发酵。川派炮制中淡豆豉、红曲、半夏曲、神曲等特色发酵技艺的传承与创新研究享誉全国。

三、川派炮制代表人物

成都中医药大学是我国最早建立的四所中医药院校之一。建校之初，学校聘请了徐楚江、冯相贤、欧建忠等精通中药炮制的技术骨干作为中药炮制学教师，培养了一大批中药炮制人才。徐楚江教授作为中药炮制学科的主要创建人之一，主编了《中药炮制学》第一、二版统编教材，供全国高等中医药院校中药专业使用，徐楚江教授牵头统编的教材对全国的中药炮制学做出了重要的贡献。

胡昌江教授是徐楚江教授的弟子，是国家、四川省认定的川派中药炮制的唯一传承人。他承前启后，将川派炮制技术核心——"成都中药炮制技术"申请为成都市、四川省第一批非物质文化遗产及国家级非物质文化遗产，推动川派中药炮制迈上新的台阶。

胡昌江教授（左一）指导游娟老师（右一）

川派特色炮制产品

一、清宁片

清末传承至今的清宁片因为炮制技艺烦琐、周期冗长,独具川派特色。清宁片炮制要耗时几个月。先用生大黄加水煮后拌入黄酒,再煮成泥状,晒干后粉碎成细粉,再与黄酒和炼蜜混合成团块,蒸透揉匀,搓成直径14mm的圆条,干燥到七成干,装入容器闷10天至内外湿度一致,取出切厚片。清宁片炮制工艺复杂,并有一些关键技巧。其中,炼蜜是最讲究的地方。蜂蜜如果熬老了,黏性太强,不易切制;若炼得太嫩,药物又会生霉变质。

大黄炮制成清宁片后,泻下作用缓和,既可以让患者通便但是又不伤正气,既可以逐瘀,又不败正,对大便秘结之年老、体弱、久病患者有较好的疗效。

清宁片

二、附子

四川江油的附子是著名的川产道地药材,至今已有一千三百余年的种植历史,也是国家地理标志产品。目前,附子通过"浸、漂、切、煮、蒸、炒、烤、醉"等八大加工炮制法制得的饮片有13种之多,质量

优良，畅销海内外。本节介绍6种常用的附子炮制品的加工工艺。

（一）黑顺片

取泥附子（6月下旬至8月上旬采挖，除去母根、须根及泥沙），按大小分别洗净，浸入胆巴的水溶液中数日，连同浸液煮至透心，捞出，水漂，纵切成厚0.2～0.5cm的片，再用水浸漂，用调色液将附片染成浓茶色，取出，蒸至出现油面、光泽后，烘至半干，再晒干或继续烘干。

黑顺片

（二）白附片

选择大小均匀的泥附子，洗净，浸入胆巴的水溶液中数日，连同浸液煮至透心，捞出，剥去外皮，纵切成厚约0.3cm的片，用水浸漂，取出，蒸透，晒干。

白附片

(三)熟附片

选择大小均匀的泥附子,洗净,浸入胆巴的水溶液中数日,连同浸液煮至透心,捞出,剥去外皮,切成厚约 0.7cm 的片,用水浸漂,取出,蒸至透心,出现油面、光泽后,晒干或烘干。

熟附片

(四)炮附片

取白附片或者黑顺片用砂烫的方法烫至鼓起并微变色。

炮附片

(五)黄附片

取泥附子,按大小分别洗净,浸入胆巴的水溶液中数日,连同浸液煮制透心,捞出,剥去外皮,切成厚约 0.7cm 的片,用水浸漂,取出,

用调色液（红花、栀子等）染成黄色，晒干或烘干。

黄附片

（六）蒸附片

取生附片，用清水浸润，加热蒸至出现油面、光泽后，干燥即可。

蒸附片

三、萝卜硝

萝卜硝是用萝卜和皮硝（朴硝）加工而成的炮制品，为不规则的块状、粒状或棱柱状结晶，无色透明或者类白色半透明，味咸。其制作即将萝卜洗净切片，加水煮后过滤，滤液与皮硝一起煮到全部溶化，过滤掉杂质后取滤液，冷藏后结晶即得。

萝卜硝具有泻下通便、润燥软坚、清火消肿的功能。可用于湿热积滞，腹满胀痛，大便燥结，肠痈肿痛；外治乳痈、痔疮肿痛；或用于洁肠。

萝卜硝的制作思路来源于近代中西医汇通学派代表性人物之一张锡纯先生治疗便秘创制的硝菔通结汤，即用大剂量萝卜煎煮朴硝成汤服用治疗便秘。他认为："软坚散结，朴硝之所长也，然其味咸性寒，若遇燥结实者，少用之则无效，多用之则咸寒太过损肺伤肾"，"惟与莱菔同煎数次，则朴硝咸味尽被莱菔提出。莱菔之汁浆，尽与朴硝溶化。夫莱菔味甘，性微温，甘温可化朴硝之咸寒，其补益可缓朴硝之攻破"。

萝卜硝

四、午时茶

午时茶配方较多，各地不一，但是四川自古以来就有午时茶的制作。四川午时茶炮制是将苍术、柴胡、防风、枳实等19味中药材粉碎成粗粉，再将面粉制成糨糊与上述药粉混匀，用模子压制成小长方块，发酵干燥而得。饮片呈小长方块，外表黄褐色，粗糙，质较硬，有香味，味微苦。

午时茶，长于解表和中。用于外感风寒时，常与葱、姜等同用，能发散风寒、和胃消食，治疗腹泻腹痛等；用于内伤食积时，常与鸡内金、炒山楂、槟榔等同用，能化食消积，治疗腹部胀满，不思饮食，腹泻等；用于寒热吐泻时，常与砂仁、广藿香、法半夏等同用，能化食和胃、止吐泻，也用于治疗恣食生冷或暑热伤胃导致的腹痛吐泻。

午时茶

五、蛋黄油

蛋黄油治病具有悠久的历史，北周《集验方·卷九》便有关于蛋黄油治病的记载。蛋黄油的制作是取新鲜的生鸡蛋煮熟，只取蛋黄，放锅里文火加热，让水分逐渐蒸发，再用大火熬油。熬出的蛋黄油是浓稠的棕褐色液体，略微带腥气。

蛋黄油具有消肿解毒、敛疮生肌的功能。临床上常用于湿疹，皮肤瘙痒，烫伤，手足皲裂等。

蛋黄油

第九单元

川产道地药材

　　四川处于亚热带，由于地形和不同季风环流的交替影响，气候复杂多样，造就了自然界物种的多样性。四川的中药资源极其丰富，其中著名的川产道地药材就有86种之多，比如川芎、川贝母、川牛膝、川黄连、川黄柏、川白芷、川麦冬、川木香、川续断、冬虫夏草、附子等，在国内中药材市场上具有举足轻重的地位。下面，就让我们一起来认识一下吧！

川芎

【别名】京芎、贯芎、香果、雀脑芎、山鞠芎、抚芎等。
【来源】为伞形科植物川芎的根茎。

一、植物形态特征

多年生草本,植株一般高40～60cm。地下根茎发达,形成不规则的结节状拳形团块,具浓烈香气。地上茎直立,圆柱形,具纵条纹,上部多分枝,下部茎节膨大呈盘状。叶柄基部扩大成鞘;叶片为卵状三角形,三至四回三出式羽状全裂;7—8月开花,为顶生或侧生复伞形花序,花白色;果期9—10月。

川芎植物形态

二、主产地

主产于四川彭州、都江堰等地,在云南、贵州、广西、湖北、江西、浙江、江苏、陕西、甘肃、内蒙古、河北等地区均有栽培。

三、采收加工

夏季当茎上的节盘显著突出,并略带紫色时采挖,除去泥沙,晒后烘干,再去须根。

四、炮制

除去杂质,分开大小,洗净,润透,切厚片,干燥。

川芎(饮片)

五、临床应用

《神农本草经》记载:"主中风入脑头痛,寒痹筋挛缓急,金创,妇人血闭无子。"《本草纲目》称其为"血中气药",其味辛,性温。归肝、胆、心包经。具有活血行气、祛风止痛的功能。

【思考与实践】
1. 凉拌川芎尖是一道美食,大家可以尝试做一下。
2. 川芎原植物与生活中您见过的哪些植物很相似呢?它们都有哪些共同特点?

小拓展：神奇小故事

据传，药王孙思邈带着徒弟到四川青城山上采药，累了在青松林休息时，忽见一只雌鹤带着几只小鹤在山涧小河里嬉戏，孙思邈正看出神，忽听雌鹤不断哀鸣，两腿颤抖不已，药王当即明白，这只雌鹤患了急病。

次日清晨，孙思邈和徒弟又到青松林。在离鹤巢不远的地方，巢内病鹤的呻吟声清晰可辨。又隔一天，鹤巢里听不到病鹤的呻吟了，只见几只白鹤在天空中翱翔，从它们嘴里掉下来一朵白花，几片叶子，叶子很像胡萝卜的叶子，孙思邈让徒弟把叶子捡起来保存好。又过了几天，他们发现雌鹤和小鹤们嬉戏如常。于是孙思邈想到雌鹤的病愈可能与这种植物有关，便进行采集并用于临床，发现其根茎苦中带辛，具有特异的浓郁香气，具有活血通经、祛风止痛的作用。药王感概到："青城天下幽，川西第一洞。仙鹤过往处，良药降苍穹。这药就叫'川芎'！""川芎"便由此得名了。

川贝母

【别名】 卷叶贝母、松贝、青贝、炉贝等，始载于《神农本草经》，列为中品，南朝著名医药家陶弘景曾云："形似聚贝子，故名贝母。"

【来源】 为百合科植物川贝母、暗紫贝母、甘肃贝母、梭砂贝母、太白贝母或瓦布贝母的鳞茎。按性状不同分别习称"松贝""青贝""炉贝"和"栽培品"。

一、植物形态特征

多年生草本植物，植株高可达50cm。叶对生，叶片条形至条状披针形；花通常单朵，紫色至黄绿色，每花有叶状苞片，苞片狭长，花药近基着；蒴果有棱，棱上有狭翅；5—7月开花，8—10月结果。

暗紫贝母植物形态

二、主产地

主产于四川西部及西南部，西藏、青海、甘肃亦有分布。

三、采收加工

夏、秋二季或积雪融化后采挖，除去须根、粗皮及泥沙，晒干或低温干燥。

松贝

青贝

炉贝

鳞叶2瓣，大小悬殊，大瓣紧抱小瓣，习称"怀中抱月"

鳞叶2瓣，大小相近，相对抱合，顶端开裂，习称"观音合掌"

鳞叶2瓣，大小相近，表面有的具棕色斑点，习称为"虎皮斑"

四、临床应用

川贝母是一种被大家熟知的止咳良药，其味苦、甘，性微寒。归肺、心经。具有清热润肺、化痰止咳的功能，有名的中成药川贝枇杷止咳露、川贝雪梨膏等里面均有川贝母。

【思考与实践】除了川贝母，目前市场上还有一种浙贝母，请查阅资料试着说说二者有什么异同点。

小拓展：您见过大蒜般大的贝母吗？

四川阿坝藏族羌族自治州特产药材瓦布贝母，其因鳞茎如蒜头，圆圆鼓鼓的，被人们形象地称为"蒜贝"。该品种由我国著名研究川贝母的专家唐心耀（四川大学华西药学院教授）于20世纪60年代初在茂县瓦钵梁子发现并命名，经过检测发现，它的药用有效成分与药典收载的川贝母其他品种十分接近，且有的生化指标大大高于其他品种。随后，科研人员经过长期研究，野生驯化栽培试验获得成功，并在茂县、黑水县等地开展栽培示范与推广，成为当地致富的一个特色产业。2009年8月，国家药典委员会组织专家专题审查，把瓦布贝母作为川贝母的新植物种来源收载进2010版《中华人民共和国药典》。

冬虫夏草

【别名】虫草、冬虫草等。

【来源】为麦角菌科真菌冬虫夏草菌寄生在蝙蝠蛾科昆虫幼虫上的子座和幼虫尸体的复合体。

一、植物形态特征

冬虫夏草的子座常单一，偶有 2 或 3 个，呈细长棍棒状，顶端为不育端，上端稍膨大部分为孢子，下端为不育柄。子座长 4～7cm，直径约 0.3cm；表面深棕色至棕褐色。子座柄基部留在土中与幼虫头部相连，幼虫深黄色，虫体似蚕，长 3～5cm，虫体上有 20～30 个环节，足 8 对，中部 4 对较明显。

子座

冬虫夏草植物形态

二、主产地

主产于四川的理塘、木里、雷波、巴塘、色达、康定等高海拔地区，青海、西藏、云南、甘肃等地亦有分布。按照产地分为川草（四川虫草）、藏草（西藏虫草）、青海虫草等。

三、采收加工

一般于4—6月，子座出土，孢子未发散时采收。采收时扒开泥土小心将冬虫夏草完整挖取。采挖后除去似纤维状的附着物及杂质，晒干或低温干燥。

冬虫夏草（饮片）

四、临床应用

冬虫夏草为我国特产名贵中药，与人参、鹿茸并列为三大补品。其味甘，性平。归肺、肾经。具有补肾益肺、止血化痰的功能。

【思考与实践】冬虫夏草是虫还是草？

小拓展：冬虫夏草的由来

每当盛夏，在海拔3000m以上的高原草甸上，冰雪开始融化，成千上万的蝙蝠蛾便抓住短暂的温暖季节将卵产在地上。1个月过后，虫卵孵出的小虫钻进松软湿润的土壤中，吸食植物根茎的营养，把自己养得白白胖胖。而在土壤中，有一种球形的冬虫夏草真菌子囊孢子，孢子钻入幼虫身体，萌发菌丝，吸收幼虫的营养，和幼虫一起发育长大。冬天过去，真菌占据了

幼虫的整个身体，埋藏在土层里，这就是所谓的"冬虫"，到了第二年的春夏季，菌丝又会开始生长，从死去幼虫的头部长出，形成一棵小草的样子，这就是冬虫夏草。

麦冬

【别名】 以叶似麦苗且耐冬常绿而得名，且一般生于阶沿，又名麦门冬、沿阶草。

【来源】 为百合科植物麦冬的块根。

一、植物形态特征

多年生常绿草本植物。地下须根膨大为肉质块根；叶丛生，暗绿色，长条形，四季葱郁；5—7月开花，花白色或淡紫色，总状花序，花梗从叶丛中抽出，每束10～20朵小花，淡雅美丽；浆果球形，早期绿色，成熟时深绿色或蓝黑色。

麦冬植物形态

二、主产地

主产于四川的三台、射洪，浙江杭州、余姚、江苏无锡等地亦有分布。一般浙江产的为浙麦冬（杭麦冬），四川产的为川麦冬。麦冬喜欢温暖和较潮湿的环境，稍耐寒，冬天-10℃左右的低温下也不会受冻害。

小链接：涪城麦冬

　　四川三台县是全球最大的麦冬种植基地、交易集散地，被誉为"中国麦冬之乡"，已有七百多年的麦冬种植历史。涪城麦冬为全国麦冬之上品，是著名川产道地药材、国家地理标志产品，被列入国家药典50种基本药物目录，还被列为"绵阳市现代农业首选主导产业""四川省著名商标""四川省首批中药材大品种和大健康重点产品""全国精品农产品"。涪城先后被评为"国家级农业标准化示范区""国家农业科技园区""国家出口食品农产品（麦冬）质量安全示范区""四川省特色农产品优势区""四川省五星级麦冬种养循环现代农业园区"，其栽培系统被农业农村部列为"中国重要农业文化遗产"。

三、采收加工

　　四川麦冬在移栽后第二年清明至谷雨采挖，采挖时选晴天，用犁深翻或用铁耙掘起，拣出麦冬，抖掉泥土，洗净，反复暴晒、堆置至七八成干，除去须根，干燥。

四、炮制

　　除去杂质，洗净，润透，轧扁，干燥。

麦冬（饮片）

五、临床应用

麦冬味甘、微苦，性微寒。归心、肺、胃经。具有养阴生津、润肺清心的功能。麦冬除了药用外，也被开发制成了麦冬肉脯、麦冬糖等食品，拓宽了麦冬的应用范围。

【思考与实践】
1. 麦冬具有很好的滋阴润燥作用，秋天来了，试着泡一杯麦冬茶吧？
2. 我国中药资源丰富，请查查资料，询问长辈，调查一下您的家乡还有哪些四季常青的中药资源。

小拓展：城市绿化小能手

麦冬是我国第一部药物学著作《神农本草经》记载的上品药物，同时，也是"生于阶沿，用为上品"的养生佳品。麦冬由于花色淡紫高雅，四季常绿，且根系发达，耐寒又耐旱，易种植，常作为拓展绿化空间、美化景观的优选地被植物，在园林绿化中应用越来越多，发展前景广阔。

附子

附子，因其基源植物的子根附着于母根而生，又以子根入药而得名。

【别名】侧子、乌附子等。
【来源】为毛茛科植物乌头子根的加工品。

一、植物形态特征

多年生草本植物，高 60～150cm。茎直立，下部光滑无毛，上部有少许柔毛；叶子交互相间生于茎的两侧，每片叶子先裂成三裂，两侧的裂片再分裂成两浅裂，呈手掌的形状，叶子的边缘有锯齿；一般在 6—7 月开花，花蓝紫色，总状花序；果为蓇葖果。

乌头（附子、川乌）

乌头植物形态

二、主产地

主产于四川江油，绵阳安州区、平武县，广元青川等地，云南、陕西、河南、江西、浙江等地亦有分布。四川历来是附子的道地产区，四川江油为最适宜栽种区,《名医别录》中记载"附子生犍为山谷及广汉"。目前江油附子已成为著名川产道地药材,入选我国国家地理标志产品。

三、采收加工

6月下旬至8月上旬采挖,除去母根、须根及泥沙,习称"泥附子"。附子中含有乌头碱,有剧毒,一般需加工炮制降低毒性后才能在临床使用,根据炮制方法不同,有生附子、盐附子、黑顺片、白附片等炮制品。

四、炮制

黑顺片:取泥附子,按大小分别洗净,浸入胆巴的水溶液中数日,连同浸液煮至透心,捞出,水漂,纵切成厚0.2～0.5cm的片,再用水浸漂,用调色液将附片染成浓茶色,取出,蒸至出现油面、光泽后,烘至半干,再晒干或继续烘干。

白附片:选择大小均匀的泥附子,洗净,浸入胆巴的水溶液中数日,连同浸液煮至透心,捞出,剥去外皮,纵切成厚约0.3cm的片,用水浸漂,取出,蒸透,晒干。

黑顺片(饮片)　　白附片(饮片)

五、临床应用

明代名医张介宾将附子与人参、熟地黄、大黄共称作为"药中四维",附子为"回阳救逆第一药",其味辛、甘,性大热;有毒。归心、肾、脾经。具有回阳救逆、补火助阳、散寒止痛的功能。因附子中含有乌头碱,有毒性,可导致心律失常、血压下降、体温降低、呼吸抑制、肌肉麻痹及中枢神经紊乱等。因此,附子生品只做外用,内服需经过炮制。若内服过量或炮制、煎煮方法不正确,可引起中毒。

【思考与实践】附子是有毒的,为什么能用来治疗疾病呢?

小拓展一:一母双生"两兄弟"

在我国丰富的中药资源中,有两位赫赫有名的"毒兄弟",一个叫川乌,一个叫附子。川乌和附子是同种植物的根,只是入药部位不同,川乌来源于乌头的母根,而附子来源于乌头的子根,它们是同一种植物身上的宝贝,但不是同一种中药材。川乌具有祛风除湿、温经止痛的功能,附子则有回阳救逆、补火助阳、散寒止痛的功能,二者皆为大毒之品。所以在临床使用过程中要明确其功能,严格按照医生指导合理用药,以免使用不当对身体造成伤害。

小拓展二:传承创新,引领推动附子产业现代化发展

江油附子是川产道地药材,除具有一般附子的成分外,还独有江油乌头碱、新江油乌头碱等成分。近年来,为进一步促进附子产业现代化发展,江油市在传承附子栽培历史的同时,采取积极措施,不断在栽培和加工技术等方面创新,确保附子产业稳定发展。其与省农科院合作开展的附子病害绿色防控技术研究,可将病害发生率控制在5%以下,与科研院校联合开展附子水稻套作生态栽培模式和附子水稻轮作生态栽培模式研究,有效阻断了病源通过土壤传播,缩短附子连作间隔期;在

传统加工工艺基础上，开展附子冷藏保鲜、附子蒸煮加工和烘干加工等现代加工工艺研究，使江油市附子年加工能力达 4 万吨以上，目前附子已成为当地重要的经济支柱产业。

黄连

俗话说"哑巴吃黄连——有苦说不出",说起黄连,大家印象最深的就是苦。黄连在我国药用历史悠久,始载于《神农本草经》,《本草纲目》释其名:"其根连珠而色黄,故名。"

【别名】味连、川连、鸡爪连、王连、支连等。
【来源】本品为毛茛科植物黄连、三角叶黄连或云连的根茎。以上三种分别习称"味连""雅连""云连"。

一、植物形态特征

(1) 黄连:多年生草本。根茎呈黄色,分枝,密生须根;叶基生,有叶柄,叶片卵状三角形,三全裂;中央裂片有细柄,卵状菱形,顶端急尖,羽状深裂,边缘有锐锯齿;2—4月开花,花为聚伞花序,黄绿色;3—6月结果。

黄连植物形态

（2）三角叶黄连：多年生草本。根茎呈黄色，不分枝或少分枝，节间明显，密生多数细根，匍匐茎横走；叶片卵形，稍带革质，三全裂；中央裂片三角状卵形，羽状深裂，深裂片多少彼此密接。3—4月开花，4—6月结果。

三角叶黄连植物形态

（3）云连：多年生草本。根茎黄色，节间密，较少分枝，生多数须根；叶片卵状三角形，三全裂，中央裂片卵状形，先端长渐尖至渐尖，羽状深裂，深裂片彼此疏离。

二、主产地

黄连（习称"味连"）分布于湖北、湖南、四川、贵州、陕西等地；在湖北西部、四川东部和陕西南部有较大量栽培；三角叶黄连（习称"雅连"）栽培于四川峨眉及洪雅一带；云连分布于云南西北部。

三、采收加工

黄连一般栽后4～5年采收。秋季采挖，除去须根和泥沙，干燥，撞去残留须根。

（1）味连：多集聚成簇，常弯曲，形如鸡爪，单枝根茎长3～6cm，直径0.3～0.8cm。

味连

(2) 雅连：多为单枝，略呈圆柱形，微弯曲呈蚕状，长 4～8cm，直径 0.5～1cm。"过桥"（注：黄连药用部位为根茎，在其单枝根茎上有不规则结节状隆起，节与节之间表面平滑如茎秆，称"过桥"）较长。

雅连

(3) 云连：弯曲呈钩状，多为单枝，较细小。

四、炮制

除去杂质，润透后切薄片，晾干，或用时捣碎。

黄连（味连饮片）

五、临床应用

黄连味苦，性寒。归心、脾、胃、肝、胆、大肠经。具有清热燥湿、泻火解毒的功能。临床上常见的泻火解毒中成药，如牛黄上清丸、清胃黄连丸等都含有黄连。

【思考与实践】黄连味苦，生活中也有很多苦味的食物，比如苦瓜等，查阅资料，说一说苦味的食物（药物）在临床应用时有什么相似的功能？

小拓展：品黄连之苦，守廉洁之心

黄连是大苦大寒之物，但是却有着泻火解毒的功能，在苦中默默发挥自己的作用。正如清朝第一清官汤斌，他一生为官清正、政绩卓著，在生活上安于清贫，一日三餐常以豆腐汤佐食。其任江宁巡抚时，"澄清吏治，大江南北无一物不得其所"，他的生活像黄连那样苦，为政像豆腐汤那样清，而于老百姓却像人参那样补，于是民间对他便有了"三汤巡抚"这一美誉——"清贫一世黄连苦，廉政三餐豆腐汤"，体现了汤斌即使生活清苦，也坚守廉洁纯净的初心，不贪图荣华，一心一意为百姓谋福利的高尚人格。

丹参

【别名】始载于《神农本草经》，因根呈赤色而得名，又名血参、赤参、紫丹参、红丹参等。

【来源】本品为唇形科植物丹参的根和根茎。

一、植物形态特征

多年生草本，高 40～80cm。根肥厚，外表面朱红色，内面白色；茎直立，四棱形；叶常为奇数羽状复叶，叶片卵圆形或椭圆状卵圆形，先端锐尖或渐尖；顶生或腋生总状花序，苞片披针形，花萼钟形，带紫色，花冠紫蓝色，小坚果黑色，椭圆形，4—8月开花，花后见果。

丹参植物形态

二、主产地

主产于四川中江、平武等地。陕西丹凤、山阳、镇安、商南，山东莱芜、平邑，河南嵩县、卢氏等地亦适宜丹参种植。

三、采收加工

春、秋二季采挖,除去泥沙,干燥。

四、炮制

除去杂质和残茎,洗净,润透,切厚片,干燥。

丹参(饮片)

五、临床应用

丹参味苦,性微寒。归心、肝经。为活血化瘀的良药,具有活血祛瘀、通经止痛、清心除烦、凉血消痈的功能。古代著名药物典籍《妇人明理论》记载:"以丹参一物,而有四物之功,补血生血,功过归(当归)、地(地黄),调血敛血,力堪芍药,逐瘀生新,性倍川芎。"临床常用的丹参注射液、复方丹参滴丸等中成药中均含有丹参,其在冠心病、心绞痛、缺血性脑卒中等疾病的治疗中具有良好的疗效。

【思考与实践】请查阅资料,中药中含有"参"字的中药,除了丹参,还有哪些?它们都分别具有什么功能?

白芷

【别名】白芷在古代是著名的香药,别名香白芷。《楚辞》中有芷、药芷、茝等别称。《神农本草经》将其列为中品,谓其别名为"芳香"。

【来源】本品为伞形科植物白芷或杭白芷的根。

一、植物形态特征

多年生高大草本,高1~2.5m。根圆柱形,有分枝,外表皮黄褐色至褐色,有浓烈气味;茎通常带紫色,中空,有纵长沟纹;叶一回羽状分裂,有长柄,叶柄下部有管状抱茎边缘膜质的叶鞘;茎上部叶二至三回羽状分裂,叶片轮廓为卵形至三角形;7—8月开花,花为复伞形花序,顶生或侧生,花白色;果实长圆形至卵圆形,黄棕色,有时带紫色,无毛。

白芷植物形态

二、主产地

主产于四川、浙江、湖南、湖北等地。产于浙江杭州、临海、余杭、永康、象山、乐清等地的是杭白芷；产于四川遂宁、达州、安岳、射洪等地的是川白芷。川白芷被中华人民共和国商务部列为国家地理标志产品。

三、采收加工

夏、秋间叶黄时采挖，除去须根和泥沙，晒干或低温干燥。

四、炮制

除去杂质，大小分开，略浸，润透，切厚片，干燥。

白芷（饮片）

五、临床应用

白芷味辛，性温，归胃、大肠、肺经。具有解表散寒、祛风止痛、宣通鼻窍、燥湿止带、消肿排脓的功能。白芷至今已有两千余年的药用历史，战国《五十二病方》中首次提出白芷治痈，《神农本草经》将其列为中品。现代研究表明，白芷具有散寒止痛、抗炎、抗菌等功能，可用于治疗消化性溃疡、慢性胃炎、白癜风和银屑病等。临床上常见的藿香正气水、感冒清热颗粒等500多个中成药中均含有白芷。白芷不仅是著名的常用大宗中药之一，也是国家规定的"药食两用"药材之一，是

香料家族的重要成员，具有提味、保鲜、增香、除腥膻、防腐的功能。

【思考与实践】白芷为芳香性药物，常和苍术、川芎、石菖蒲、冰片等药物一起用于香囊制作，请你也试着制作一个白芷香囊吧！

小拓展：中医佩香疗法——香囊

中药香囊属于中医佩香疗法的一种，是将芳香药物的粉末装入特制布袋中佩戴在身上，香囊中所用药物的气味芳香，通过人的口鼻、皮肤吸收可以发挥预防疾病的作用，其在我国的应用历史源远流长。在周朝就有佩戴香囊、沐浴兰汤的防病习俗。湖南长沙马王堆一号汉墓出土了具有祛秽保健作用的香囊，说明汉朝人已经擅长使用香囊防病。唐代孙思邈所著《备急千金要方·伤寒方》中，各种辟瘟药方所选的药物均以芳香药为主，并且许多药方采用佩戴香囊的方式使用。东晋时期，葛洪的《肘后备急方·治瘴气疫疠温毒诸方》中记载了太乙流金方、虎头杀鬼方等多个中药香囊辟瘟处方，方法是将药物打成粉，装香囊中悬挂，以起到辟秽作用。香囊除了防治疾病，还可用作装饰。

川牛膝

【别名】甜牛膝、牛膝等。

【来源】为苋科植物川牛膝的根。

一、植物形态特征

多年生草本，高 50～100cm，根圆柱形，鲜时表面近白色，干后灰褐色或棕黄色；茎直立，稍四棱形，多分枝，疏生长糙毛；叶片椭圆形或窄椭圆形，顶端渐尖或尾尖，基部楔形或宽楔形，全缘，上面有贴生长糙毛，下面毛较密；叶柄长 0.5～1.5cm，密生长糙毛；6—7 月开花，花为聚伞花序，密集成花球团，花球团直径 1～1.5cm，淡绿色，干时近白色，多数在花序轴上交互对生，在枝顶端成穗状排列，密集或相距 2～3cm；果期在 8—9 月。

川牛膝植物形态

二、主产地

主产于四川天全、宝兴、芦山、洪山、金口河等地，云南、贵州等

地亦有分布。喜冷凉、湿润气候。

三、采收加工

秋、冬二季苗枯后采挖,除去芦头、须根及泥沙,烘或晒至半干,堆放回润,再烘干或晒干。

四、炮制

除去杂质及芦头,洗净,润透,切薄片,干燥。

川牛膝(饮片)

五、临床应用

川牛膝味甘、微苦,性平,归肝、肾经。具有逐瘀通经、通利关节、利尿通淋的功能。用于经闭癥瘕,胞衣不下,跌扑损伤,风湿痹痛,足痿筋挛,尿血血淋。

【思考与实践】除了川牛膝,中药房还有一种中药叫牛膝,称"怀牛膝",请查阅资料试着说说二者有什么异同。

小拓展：神奇小故事

相传，古代蜀地遂宁府，有一对姓刘的老夫妇膝下无儿女，其妻经常腰腿痛，干不了活，全靠刘老汉一人赚钱养家，家境十分清苦。是年九月，刘老汉病倒了，小便涩痛、胀急且带血，不能上山砍柴、放牛。刘婆婆忍着腰腿痛上山放牛，顺便采些野菜回来充饥。其间，刘婆婆见到一种叶为紫红色的野菜，茎四棱，节膨大，高约二尺，形似苋菜，甚嫩，便采了些回家。刘老汉吃了这种野菜粥后尿急、尿痛的症状竟然减轻了，尿色也变淡了，舒服了很多。于是刘婆婆连续几天都去采这种野菜吃，没过几天，刘老汉病愈了，而刘婆婆也觉得自身的腰腿痛好多了。刘婆婆想，这味药是在放牛时发现的，又见这药的茎节颇似牛的膝部，便称其为"牛膝"。从此，牛膝这味药便传之于世。

黄柏

【别名】檗木等。《说文解字》云："檗，黄木也，檗木也。"古代檗木主要用作黄色染料。

【来源】本品为芸香科植物黄皮树的树皮。习称"川黄柏"。

一、植物形态特征

乔木植物，小叶呈卵形或卵状椭圆形，两侧不对称；花蕾圆球形，花瓣长圆形；子房密被直长毛；果圆形、椭圆形或阔卵形，淡黄至暗黄色；果肉乳白色，半透明；子叶深绿色；花期4—5月；果期7—8月。

黄皮树植物形态

二、主产地

主产于湖北、湖南、四川等地。其中四川都江堰、叙永、彭州、大邑等地为适宜产区。

三、采收加工

剥取树皮后,除去粗皮,晒干。

四、炮制

除去杂质,喷淋清水,润透,切丝,干燥。

黄柏(饮片)

五、临床应用

黄柏味苦,性寒,归肾、膀胱经。具有清热燥湿、泻火除蒸、解毒疗疮的功能。用于湿热泻痢,黄疸尿赤,带下阴痒,热淋涩痛,脚气痿躄,骨蒸劳热,盗汗,遗精,疮疡肿毒,湿疹湿疮。盐黄柏滋阴降火,用于阴虚火旺,盗汗骨蒸。

【思考与实践】到附近去找一找川黄柏,观察一下它的叶子、外皮有什么特征。

参考文献

[1] 国家药典委员会.中华人民共和国药典2020版（一部）[M].北京：中国医药科技出版社，2020.

[2] 福建省食品药品监督管理局.福建省中药饮片炮制规范2012年版[M].福州：福建科学技术出版社，2013.

[3] 湖北省药品监督管理局.湖北省中药材质量标准2018年版[M].北京：中国医药科技出版社，2019.

[4] 傅超美，王世宇.药用辅料学[M].北京：中国中医药出版社，2008.

[5] 三读国学馆.苏东坡文集（珍藏版）[M].北京：北京燕山出版社，2020.

[6] 许琳，王恒苍，吴娟娟，等.鉴古诗 品药茶[M].上海：上海科学技术出版社，2019.

[7] 杨益萍，陈金旭.鉴古诗 品药点[M].上海：上海科学技术出版社，2019.

[8] 王恒苍，吴培.鉴古诗 品药膳[M].上海：上海科学技术出版社，2019.

[9] 陈冲.品读醉美中医中药文化诗词[M].北京：中国言实出版社，2021.

[10] 包泉万.跟着古诗学养生[M].长沙：湖南科学技术出版社，2017.

[11] 四川省食品药品监督管理局.四川省中药饮片炮制规范2015版[M].成都：四川科学技术出版社，2016.

[12] 王者悦.中国药膳大辞典[M].北京：中医古籍出版社，2017.

[13] 闫松.中华食疗大全[M].北京：线装书局，2012.

[14] 蔡亮.秦汉时期卫生管理思想的特征及形成因素研究[D].南京：南京中医药大学，2009.

[15] 曲夷.《伤寒论》权变诊疗思想与方法研究[D].北京：北京中医药大学，2005.

[16] 刘秀峰.中国传统医学中的隐性知识及其策略[D].武汉：华中科技大学，2008.

[17] 许敬生.郭玉"四难"[J].河南中医，2007，27（4）：82.

[18] 徐建云."六不治"和"四难"的现实价值初探[J].南京中医药大学学报（社会科学版），2010，11（2）：85-86.

[19] 周一谋.论我国早期的针灸医家[J].针灸临床杂志，2001，17（6）：3-4.

[20] 陈凯佳，庞震苗，邱鸿钟.中国古代社会办中医的历史回溯[J].中医文献杂志，2015，33（6）：51-55.

[21] 闫立彬.基于中医古籍文献的产后情志异常病证源流及诊治特色研究[D].长沙：湖南中医药大学，2023.

[22] 杨妮楠，王育林.《经效产宝》佚文初探[J].中医药导报，2018，24（1）：48-52.

[23] 沈思钰，张永文，董晓蕾，等.《韩氏医通》主要学术思想探要[J].中国中医急症，2007，16（11）：1388-1389.

[24] 辛夫.历代蜀医考（四）——韩懋与《韩氏医通》[J].成都中医学院学报，1980（4）：65-66.

[25] 叶静，尹沫淋，申重阳，等.川派中医韩懋脉学思想探要[J].成都中医药大学学报，2023，46（3）：66-68+80.

[26] 马佐英，何山.《韩氏医通》学术特点浅析[J].江西中医学院学报，2004，16（4）：12-13.

[27] 杨恺，冯全生.清末女医曾懿温病学术思想探析[J].中华中医药杂志，2021，36（4）：1945-1947.

[28] 黄天骄.中国女医研究进展及启示[J].中医药文化，2023，18（1）：75-85.

[29] 我国古代最著名女中医——曾懿[J].中医药通报，2013，12（3）：33.

[30] 范婷婷. 地理·情感·时事——曾懿的行旅经历与女性成长[J]. 太原学院学报（社会科学版），2018, 19（2）：59-65.

[31] 周云逸.《经史证类备急本草》与宋代学术文化研究[D]. 保定：河北大学，2015.

[32] 李璐瑒. 经典传承历久弥新（下）——历代本草学著作简介[J]. 首都医药，2009, 16（13）：34-36.

[33] 李健. 清以前《证类本草》的版本研究[D]. 北京：中国中医科学院，2009.

[34] 刘利. 著名中成药的历史文化研究[D]. 哈尔滨：黑龙江中医药大学，2008.

[35] 罗琼，柳长华. 近10年主流本草研究进展[J]. 光明中医，2011, 26（3）：614-616.

[36] 吴瑾怡. 清代医家脾胃医易思想与临证应用研究[D]. 沈阳：辽宁中医药大学，2020.

[37] 高中祖.《内经》本标中气论与《伤寒论》六经发病规律[J]. 河南中医，1987, 7（3）：4-7.

[38] 魏平波，刘平，宋兴. 郑寿全阳虚型心肾不交辨治经验初探[J]. 陕西中医，2011, 32（1）：61-62.

[39] 陈先赋. 唐宗海生卒著述考[J]. 成都中医学院学报，1983（2）：58-61, 80-81.

[40] 庞军. 枢经学说的理论和应用研究[D]. 武汉：湖北中医药大学，2010.

[41] 尉万春，李成卫，王庆国. 唐容川"中西汇通"肝脏理论特点及对后世的影响[J]. 世界中医药，2015, 10（11）：1658-1661.

[42] 郭珊珊. 唐宗海《血证论》及陈志雄治疗ITP的中药用药规律研究[D]. 广州：广州中医药大学，2017.

[43] 陈宇谨. 唐容川《血证论》学术思想研究[D]. 北京：中国中医科学院，2008.

[44] 李玲孺.唐容川伤寒学术思想特色初探[D].北京：北京中医药大学，2009.

[45] 王中杰.《内经》思维方式的形成、发展与当代冲击[D].广州：广州中医药大学，2012.

[46] 白雪芳.唐宗海脾胃学术思想研究[D].北京：北京中医药大学，2021.

[47] 朱芳.肿瘤血证治疗用药规律的临床研究[D].沈阳：辽宁中医药大学，2010.

[48] 安素红.从《医林改错》和《血证论》看血瘀证的诊断[J].河南中医，2013，33（12）：2080.

[49] 许霞.宋以前方剂剂型的历史研究[D].北京：中国中医科学院，2010.

[50] 颜隆.宋代方剂剂型的历史研究[D].北京：中国中医科学院，2014.

[51] 向艳飞.川派名医黄济川"连栀矾溶液"保留灌肠预防痔病PPH术后吻合口增生狭窄的临床观察[D].成都：成都中医药大学，2018.

[52] 李艳羽，杨向东，廖治先.黄氏肛瘘术后换药护理与特点[J].甘肃中医，2008，21（2）：46-47.

[53] 杨向东，王钧冬，李鉴，等.一代宗师黄济川肛肠学术思想的传承[J].中国肛肠病杂志，2010（12）：46-48

[54] 苏亚非.黄济川常用方剂精选[C]//中国中西医结合学会.中西医结合大肠肛门病研究新进展——第十届中国中西医结合学会大肠肛门病学术研讨会论文集.成都市龙泉驿区中医医院，2004：3.

[55] 郭巧巧.1956—1966年中医带徒弟运动研究[D].广州：广州中医药大学，2012.

[56] 李岩.北京四大名医研究[D].北京：北京中医药大学，2004.

[57] 王丽，和中浚，王一童.萧龙友"法当治本"学术思想研究[J].中国中医基础医学杂志，2024，30（7）：1108-1111.

[58] 张乐，李雅婧，施兰君，等.民国时期北京四大名医的中医教育理念[J].中国实验方剂学杂志，2024，30（13）：202-208.

[59] 朱小平.萧龙友的医术与才艺[J].民主，2022（2）：44-46.

[60] 刘用，冯云霞，郝建军，等.近现代中医传承模式研究[J].湖北中医杂志，2014，36（2）：80-82.

[61] 王立子.蒲辅周医案两则[J].中国临床医生，2005，33（11）：58-59.

[62] 陈腾飞，刘清泉.《蒲辅周医案》特色研究[J].北京中医药，2014，33（04）：271-273.

[63] 益平.蒲辅周谈治病求本[J].现代中医药，2010，30（3）：27+62.

[64] 刘应阶，彭慕斌，彭景星.近代名医不孕医案赏析[J].中医文献杂志，2011，29（6）：36-38.

[65] 胡昌江.临床中药炮制学[M].北京：中国医药科技出版社，2021.

[66] 易延逵，张璐，梁业婷，等.中药炮制技术与中国文化融合在中药炮制学思政教学中的应用[J].中医药管理杂志，2021，29（13）：32-34.

[67] 王孝涛.略论中药炮制技术起源[C].//1999中药研究论文集，[出版者不详]，2000：2.

[68] 胡昌江，陈志敏.川产道地药材炮制与临床应用[M].成都：四川科学技术出版社，2023.

[69] 钟凌云，龚千锋，杨明，等.传统炮制技术流派特点及发展[J].中国中药杂志，2013，38（19）：3405-3408.

[70] 胡麟，陈志敏，余凌英，等."川派"中药炮制技术的历史沿革与特色传承[J].亚太传统医药，2021，17（6）：165-168.

[71] 傅崇矩. 成都通览[M]. 成都：成都时代出版社，2006.

[72] 成都市地方志编撰委员会. 成都市志·医药志[M]. 成都：四川辞书出版社，2000.

[73] 李群，张会敏，戴雪梅. 炮制专家王琦论"道地药材，遵古炮制"[J]. 药学研究，2020，39（7）：398-399.

[74] 卢君蓉，王世宇，盛菲亚，等，中药发酵研究概况[J]. 中药与临床，2012，3（4）：47-49.

[75] 张丽霞，高文远，王海洋，等. 微生物技术在中药炮制中的应用[J]. 中国中药杂志，2012，37（24）：3695-3700.

[76] 彭成. 中华道地药材[M]. 北京：中国中医药出版社，2013.

结束语

中医药学这一承载着千年智慧与文化的瑰宝，如今已深深地融入我们的生活之中。它不仅是守护我们健康的使者，更是传统文化传承的载体。中医药的智慧，不仅仅体现在治病救人上，更体现在它对人与自然和谐共生的深刻理解上；它教会我们尊重生命，敬畏自然，用平和的心态去面对生活中的种种挑战。中医药文化包罗万象，是中华文化的大百科；既是形而下之器，涉及养生之法、治病之术、生活方式等；又是形而上之道，涉及道德情操、价值观念、思维方式等。

在《中医药与生活》这本书中，我们一同探寻了中医药的奥秘，领略了它的神奇魅力。从中医药文化、到生活中的中医药，再到川派中医药，每一步都充满了期待、惊奇与收获。希望本书能推动中医药文化进校园、彰显中医药文化魅力、传承发扬中医药文化，同时也有助于普及中医健康养生理念，帮助大众养成健康的生活方式和行为习惯。随着科技的进步和全球化的推进，中医药正以前所未有的速度向前发展并走向世界。我们期待中医药能够在新的时代背景下，继续发扬光大，为人类的健康事业做出更大贡献。

在此，我们感谢每一位读者对《中医药与生活》的关注和支持。希望这部作品能够成为您了解中医药、认识中医药、运用中医药、热爱中医药的一个窗口。让我们携手共进，传承和发扬中医药文化，让它在我们的生活中绽放出更加绚丽的光彩。

最后，愿中医药的智慧和力量，能够伴随我们走过健康、快乐的每一天！